Ralf Gebauer

TURBO-WISSEN:
ABITUR DEUTSCH

Über den Autor:
Ralf Gebauer, geb. 1945 in Kragelund (Dänm.), Studium der Germanistik und Philosophie in Bochum und Göttingen; begleitende Studien in Anglistik, Romanistik, Slawistik, Theaterwissenschaften, Publizistik, Kunstgeschichte; lehrte als Studiendirektor die Fächer Deutsch, Philosophie und Kunst an einem Herner Gymnasium und organisierte die Kooperation der kommunalen Oberstufen.

1. Auflage 2020
ISBN: 978-3-8044-1430-3
PDF: 978-3-8044-5430-9
© 2020 by Bange Verlag GmbH, 96142 Hollfeld
Alle Rechte vorbehalten!
Titelabbildung: „Paper plane": © wabeno/istockphoto,
„Geschwindigkeitselemente": ©Tori Art/istockphoto
Druck und Weiterverarbeitung: Kopa, Litauen

INHALT

1. TEXTE

2. LITERATURGESCHICHTE: VOM MITTELALTER BIS ZUR GEGENWART

3. SPRACHE

4. AUFGABENARTEN

5. TIPPS ZU DEN PRÜFUNGEN

VORWORT

Liebe Schülerinnen und Schüler,

dieses schmale Bändchen liefert Ihnen **auf einen Blick** alle wesentlichen Informationen, die Sie zum Abitur Deutsch benötigen. Sie gliedern sich in die vier inhaltlichen Bereiche, die die KMK für die Prüfung festgelegt hat. Damit eignet sich das Bändchen als **Begleiter für die gesamte Qualifikationsphase** ebenso wie zur wiederholenden **Vorbereitung auf die Prüfungen.**

Um möglichst viele Informationen verdichtet darstellen zu können, wird auf eine breite sprachliche Darstellung zugunsten von raffenden und konzentrierten Infos verzichtet: **Turbo-Wissen** lautet das Motto. Sie sind deshalb zumeist in **übersichtlichen Tabellen** zusammengefasst. So muss man **nicht** erst **viel lesen, sondern** kann gleich **finden.**

Wer noch mehr Informationen, eine breitere und anschaulichere Darstellung, viele Beispiele, Musteranalysen und Inhaltsangaben zu den wichtigsten Werken der Literarturgeschichte wünscht, sei auf den vom gleichen Autor erstellten Band *Mein Ziel: Abitur Deutsch* dieses Verlages verwiesen.

Autor und Verlag wünschen Ihnen viel Freude im Umgang mit diesem Bändchen und **viel Erfolg** in den Klausuren und den Abiturprüfungen.

1. TEXTE

1.1 Literarische Texte

Allen literarischen Texten gemein sind drei Gestaltungsprinzipien, die mit der Handlung des jeweiligen Textes zusammenhängen. Es sind die Prinzipien des Tragischen, des Komischen und der poetischen Gerechtigkeit.

Das Tragische

Unter dem Begriff des **Tragischen** versteht man den unausweichlichen Konflikt zwischen gleichberechtigten Werten oder Mächten, der für die an diesem Konflikt beteiligten Personen notwendig in Leid und Untergang endet. Man kann zwei Formen des Tragischen unterscheiden: das **Schicksal-Tragische**, bei dem die Person nicht für die über sie hereinbrechende Tragik verantwortlich ist, und das **Charakter-Tragische**, bei dem der Konflikt und der Ursprung des Leids aus den Eigenschaften oder Verhaltensweisen der Person selbst erwächst.

Das Komische

Das Komische beruht auf einer Durchbrechung der Erwartungshaltung des Rezipienten, die von einer irgendwie vom Rezipienten empfundenen Diskrepanz ausgelöst wird und zu einem emotionalen Effekt führt, der zwischen heiterem Gelächter und einem Gefühl distanzierter Betroffenheit liegen kann. Das Komische kann als **Handlungs- oder Situationskomik, Verhaltens- oder Charakterkomik** sowie **Sprachkomik** in Erscheinung treten. Wenn das Komische darauf abzielt, einen irgendwie gearteten Geltungsanspruch kritisch zu vernichten, wird das Komische zur Ironie, bedient es sich dabei entlarvender Mittel, wird es zur **Satire**. Sind die zur Gestaltung der Handlungs- oder Charakterkomik verwendeten Mittel grobschlächtige und derbe Übertreibungen, spricht man von einer **burlesken** Komik, haben sie zusätzlich einen verfremdenden oder sogar dämonischen Charakter, spricht man von **grotesker** Komik. Der Begriff der **Ironie** bezeichnet einen Ausdruck, den man zur Verstärkung benutzt, um das Gegenteil dessen zu verstehen zu geben, was man wortwörtlich sagt. Bemüht sich die Ironie dazu gar beißend verspottenden Hohns, so steigert sie sich zum **Sarkasmus**, und will sie zudem noch verletzen, redet man von **Zynismus**.

Im umgangssprachlichen Sinne komisch ist etwas dann, wenn man das Ungewohnte nicht einzuordnen vermag. Empfindet man es als eigenartig und seltsam, kann man es auch **bizarr** nennen oder, sofern es einem drollig erscheint, also niedlich und amüsant, **skurril**.

Poetische
Gerechtigkeit

Poetische Gerechtigkeit liegt vor, wenn ein Autor in Übereinstimmung mit allgemein anerkannten, d. h. zumeist religiös fundierten moralischen und ethischen Normen seinen Figuren das Ende zuschreibt, das sie ihren Verhaltensweisen nach verdienen.

1.1.1 DRAMATISCHE TEXTE

Rollenspiel

Die **dramatischen Texte** bestehen wesentlich nur aus figurengebundener Rede und sind darauf angelegt, in Form eines Rollenspiels aufgeführt zu werden. Es gibt allerdings auch reine **Lesedramen**, die nicht für eine Aufführung geschrieben sind. Der Autor tritt höchstens im sogenannten (meist kursiv geschriebenen) Nebentext oder in Einleitungstexten in Erscheinung, die sich auf die Anlage und Ausgestaltung der Bühnenaufführung beziehen (**szenische Deskriptionen**).

Innerhalb des Dramas, das man ganz allgemein auch **Schauspiel** oder **Stück** nennen kann, unterscheidet man vom Ausgang der Handlung her drei Gattungen:

Dramengattung	Kennzeichnendes Merkmal
Tragödie	schlechtes Ende: oft Tod des Protagonisten
Komödie	gutes Ende: oft Heirat des Protagonisten
Tragikomödie	ein gutes und ein schlechtes Ende nebeneinander

Die deutschen Begriffe **Trauerspiel** und **Lustspiel** geben die klassischen Begriffe nicht ganz adäquat wieder, weil sie zum Teil falsche Erwartungen wecken.

AUFBAUFORMEN DES THEATERS

Aufbauform	Kennzeichen
Zieldrama	Konfliktlösung am Dramenende
analytisches Drama	Handlung zeigt Vorgeschichte und Konsequenzen
Stationendrama	episodenhafte Aneinanderreihung unterschiedlicher Szenen

ERSCHEINUNGSFORMEN DES THEATERS

Erscheinungsform	Kennzeichnendes Merkmal
aristotelisches Theater	Illusionstheater, Guckkastenbühne; emotional miterlebender Zuschauer
episches Theater	Verfremdungseffekt; Zuschauer als distanzierter rationaler Betrachter
dokumentarisches Theater	Arrangement dokumentarischer Texte; Stück als analytische Zeitstudie
absurdes Theater	Sinnlosigkeit des menschlichen Handelns
experimentelles Theater	spontanes Straßentheater; Zuschauer als Mitwirkender

DAS ARISTOTELISCHE THEATER

Im Laufe der Geschichte hat es unterschiedliche Erscheinungsformen des Dramas gegeben. Die älteste tradierte Form nennt man **klassisches Theater** oder nach ihrem ersten Analytiker, dem Philosophen **Aristoteles**, der es in seiner *Poetik* (um 335 v. Chr.) beschrieb, auch das **aristotelische Theater**. Dies zeigt über die Jahrhunderte hinweg relativ konstante Bauelemente:

Aufbau	→ 3-aktig: **Exposition** (Figureneinführung, Problementwicklung), **Peripetie** (Handlungsumschwung, Konflikthöhepunkt), **Katastrophe** (Problemlösung) → 5-aktig: Exposition, **steigerndes Moment**, Peripetie, **retardierendes (verzögerndes) Moment**, Katastrophe → geschlossene, tektonische Form → drei Einheiten: des Ortes, der Zeit, der Handlung
Ziel	**Katharsis**: Reinigung von Gefühlen (Furcht und Mitleid)
Figuren	**Protagonist** (Hauptfigur), **Antagonist** (Gegenspieler); Konfiguration (Figurenkonstellation); Ständeklausel und Fallhöhe; Typen der Commedia dell'arte
Handlung	Zieldrama vs. analytisches Drama; Stationendrama
Text	→ **Haupttext**: figurengebundene Rede: ungebundene und gebundene Form(Knittelvers oder Blankvers; Monolog, Beiseitesprechen, Dialog, stichomythischer Dialog (kurze, kontrastive Wechselrede) → **Nebentext** (Regieanweisungen)

Gesprächs-formen	Diskurs, Entscheidungs-, Enthüllungs-, Einschüchterungsgespräch, zerfallenes Gespräch, Verhör
Gesprächs-verhalten	symmetrisch vs. asymmetrisch; superior vs. inferior (über- vs. unterlegen); komplementär (ergänzend); Anredeformen
Sonder formen	→ epische Einblendungen: Botenbericht, Teichoskopie (Mauerschau), Figurenerzählungen (Rückblicke, Zusammenfassungen) → verdeckte Handlung (Handlungselemente tauchen nur in der sprachlichen Darstellung auf)

Geschlossene und offene Form

Das klassische Drama besitzt meist eine **geschlossene Form**, die man auch eine **tektonische Form** nennt. Sie stellt einen Ausschnitt des Lebens in der Ganzheit seiner schlüssigen Kontinuität dar. Dem steht die manchmal **offene oder atektonische Form** des modernen Dramas gegenüber, in der ein Wirklichkeitszeitraum nur fragmentarisch in einander nebengeordneten Ausschnitten dargestellt wird.

Handlungs-einheiten

Ein Theaterstück setzt sich aus Handlungseinheiten zusammen, die man **Szenen** oder **Auftritte** nennt. Beide Begriffe deuten an, dass sich eine Szene oder ein Auftritt entweder durch den Ort des Geschehens oder durch die an der Handlungseinheit beteiligten Figuren definiert. Mehrere Szenen zusammen formen einen **Akt** oder **Aufzug**. Moderne Stücke verzichten auf die Großeinheiten Akt und Aufzug, weil die einzelnen Handlungseinheiten keinen oder nur noch wenig Zusammenhang untereinander zeigen, und setzen sich dann aus einer Abfolge von sogenannten **Bildern** zusammen.

DAS EPISCHE THEATER

Der V-Effekt

Bertolt Brecht (1898–1956) gilt als Begründer des epischen Theaters. Diese Stücke sollen episch sein, weil die Handlung **weniger gespielt als erzählt** werden soll. Brecht beabsichtigt, die Passivität des Zuschauers im aristotelischen Theater im marxistischen Sinne zu einer Aktivität hin zu verändern. Dazu zerstört Brecht die Identifikationsmöglichkeit des Zuschauers mit dem Bühnengeschehen und ihren Figuren durch verschiedene, die Desillusionierung fördernde **Verfremdungseffekte** (V-Effekte):

→ **Verlagerung**: Eine Handlung, die aktuelle Verhältnisse abbildet, wird in andere Zeiten oder Räume verlegt.

→ **Widerspruch**: In der Handlung wie in der Zeichnung der Figuren kommt es zu Widersprüchen, die nicht behoben werden. So wird auf die Brüchigkeit und Harmonieferne von Wirklichkeit und menschlichem Charakter verwiesen.

→ **Stilisierung**: Alle Formen der Darstellung, also Handlung, Figuren, figurengebundene Rede, Bühnenbild und Requisiten unterliegen dem Prinzip der Reduktion und Stilisierung.

→ **Auswechselbarkeit**: Die Schauspieler übernehmen nicht einmal geschlechtsspezifisch ihre Rollen richtig, gehen also nicht in ihnen auf, sondern bleiben auf der Bühne stets Schauspieler. Sie verkörpern ggf. mehrere Rollen, sind austauschbar, sodass auch eine Rolle von mehreren Darstellern dargeboten wird, und lösen sich im Spiel auch von ihrer Rolle, um sich z.B. mit Kommentaren an die Zuschauer zu wenden.

→ **Textartenmix**: Der Text der Stücke bleibt nicht rein sprachlich, sondern wird aufgebrochen durch die Einfügung anderer Textarten. Das können akustische Texte wie Songs, Musik- und Toneinspielungen sein oder auch visuelle Texte wie Schautafeln, Fotos, Filme. Es gibt grundsätzlich keine Beschränkung in der Wahl und Mixtur der Textarten, solange sie als „Argumente" der „Bühnendiskussion" sinnvoll sind und die Illusionserwartung der Zuschauer brechen.

DAS DOKUMENTARISCHE THEATER

Gegen Lügen Das Konzept des dokumentarischen Theaters (1968) wird auf **Peter Weiss** (1916–1982) zurückgeführt. Das dokumentarische Theater befasst sich als realistisches Zeittheater nicht nur mit der Dokumentation eines Stoffes, sondern greift als Theater der Berichterstattung materiell auch auf Zeugnisse der Gegenwart wie Akten, Protokolle, Statistiken usw. zurück. Das der Realität entnommene **Faktenmaterial** wird zum Zwecke der Profilierung eines Problems sprachlich bearbeitet. Ansonsten bedient sich das dokumentarische Theater gern der Verfremdungseffekte des epischen Theaters. Der künstlerische und ästhetische Wert des dokumentarischen Theaters ist darin zu sehen, wie das vorgefundene (Sprach-)Material zur Dokumentation eines Problems oder Themas bearbeitet, arrangiert und profiliert wird.

DAS ABSURDE THEATER

Fragender Mensch, schweigende Welt Der Geburtsort des absurden Theaters ist das Paris der 1960er Jahre. „Das Absurde", sagt der französische Philosoph und Schriftsteller **Albert Camus**, „entsteht aus der Gegenüberstellung des Menschen, der fragt, mit der Welt, die vernunftwidrig schweigt." Das absurde Theater kann als philosophisches Theater bezeichnet werden, weil es parabelhaft darstellt, dass das menschliche Leben wie ein Teufelskreis absurd ist, weil dem Menschen jegliche verlässlichen Orientierungskategorien fehlen, seien sie religiöser, metaphysischer oder transzendentaler Art, und er in einer Situation der **existenziellen Ausweglosigkeit** gefangen ist. Die Stücke des absurden Theaters haben deshalb keinen Anfang und kein Ende, weil das Raum-Zeit-System aufgehoben wird, keinen klaren Aufbau und kaum eine Handlung. Ihre Figuren sind wie Marionetten so stark reduziert, dass eine Identifikation des Zuschauers mit ihnen unmöglich wird, wodurch die Figuren oft komisch erscheinen. Ihren Dialogen fehlt jede Logik und Argumentation und sie verweisen mit ihrer Sinnlosigkeit auf eine generelle Inkommunikabilität.

ZUR ENTWICKLUNG DES DEUTSCHSPRACHIGEN DRAMAS

Epoche	Intention	Beispiele
Aufklärung	moralisch-bürgerliches Aufbegehren gegen kirchliche und gesellschaftliche Autoritäten	Lessing, *Emilia Galotti* Schiller, *Die Räuber*
Klassik	fiktionale Ausmalung utopischer ethischer Ziele	Goethe, *Iphigenie* Schiller, *Jungfrau von Orleans*
Naturalismus	schonungslose Darstellung der schockierenden Wirklichkeitsfakten und der Aufdeckung ihrer Ursachen	Büchner, *Woyzeck* Hebbel, *Maria Magdalena* Hauptmann, *Die Weber*
Moderne	analytische Dramaturgie, die sich in immer unübersichtlicher werdenden Zeiten um die Erhellung des Wechselverhältnisses von individuellem Schicksal und gesellschaftlichem Umfeld (das zunehmend das menschliche Handeln bedingt und beeinflusst) bemüht.	Brecht, *Der gute Mensch von Sezuan* Frisch, *Andorra* Dürrenmatt, *Der Besuch der alten Dame*

1.1.2 NARRATIVE TEXTE

Erfundene
Wirklichkeit

Der Begriff „narrativ" leitet sich vom lateinischen Wort *narrare* = erzählen ab und bezeichnet alle Texte, in denen ein vom Autor eingesetzter Erzähler eine sich auf eine erfundene Wirklichkeit beziehende Geschichte erzählt. Narrative Texte haben im Gegensatz zu den beiden anderen Literaturformen gegenüber der Gebrauchsliteratur keine besonderen äußerlichen Kennzeichen. Das hebt der Begriff „Prosa" hervor, der, abgeleitet vom lateinischen *prosa oratio* = geradeausgerichtete Rede, auf die freie Redeweise der ungebundenen Sprache verweist.

TEXTARTEN

Unterschiedliche Länge

Die narrative Literatur unterscheidet ihre Erzähltexte in der Regel nach der Länge. Zu den Großformen gehören das Epos, die **Saga**, eine mehrere Generationen umfassende Familien- und Sippengeschichte, und der **Roman**. Von mittlerer Länge sind die **Erzählung** und die **Novelle**. Die kürzeren Texte sind vor allem die **Kurzgeschichte** und die **Parabel**. Fabel und Anekdote sowie Kalendergeschichte, Märchen und Schwank dürften weitgehend unberücksichtigt bleiben.

Roman

Fülle und Vielfalt

Im Allgemeinen ist der Zweck des Romans die Darstellung der Fülle und Vielfalt der Wirklichkeit in ihren allgemeinen und konkreten Bedingungen, der veränderlichen und problematischen Ordnungen und der verschiedenartigsten menschlichen Verhaltensweisen in Auseinandersetzung mit dieser Wirklichkeit. Aber auch das ist erst im Laufe der Jahrhunderte entstanden:

Zeit	Darstellungs- schwerpunkt	Darstellungsziel	Darstellungs- verfahren
18. Jh.	Personwerdung, Individuation, Handlungsautonomie des Individuums	Förderung der Menschenkenntnis; Abbild einer sinn- vollen Weltordnung	Entwicklung von Charakteren
19. Jh.	Zeitgeist; Sozia- lisation, Bildungs- entwicklung des Individuums	Realität der Welt; anthropologische Invarianz des Humanen; Kritik soz. Normen	epische Objektivität; Deskription
20. Jh.	Komplexität und Simultaneität der Welt; Verlorenheit des Individuums	Undurchschaubar- keit der Welt; Zweifel an anthropo- logischen Normen	psychische Zerrissenheit des Individuums aus der Innenansicht

Differenzierende Kategorien

Kategorie	Romanarten
Stil	didaktischer, idealistischer, realistischer, utopischer, humoristischer, satirischer Roman
Form	Ich-Roman, Briefroman, Chronik
Stoff	Abenteuer-, Ritter-, Räuber-, Künstler-, Bildungs-, Entwicklungs-, Staats-, Gesellschafts-, Kriminal-, Reise-, Heimat-, Bauern-, Familienroman; religiöser, sozialer, psychologischer Roman
Qualität	schöngeistiger Roman, Unterhaltungsroman, Trivialroman; Bestseller, Reißer
Schwerpunkt	Geschehnis-, Figuren-, Raum-, Zeitroman

Erzählung

Sammel-
begriff

„Erzählung" ist der allgemeinste und undifferenzierteste Begriff für die sprachliche Darstellung eines faktischen oder fiktionalen Ereignisses und deshalb ein Sammelbegriff für alle möglichen narrativen Textarten.

Novelle

Neuigkeit

Der Name leitet sich vom italienischen Wort *novella* her und bedeutet: Neuigkeit. In die deutschsprachige Literatur fand die Novelle erst am Ende des 18. Jahrhunderts. Alle Versuche, eine konstante Definition des Novellenbegriffs zu erarbeiten, die für alle Novellen aller Epochen und aller Autoren Gültigkeit besitzen könnte, sind gescheitert. Der Begriff „Novelle" ist deshalb eher ein Sammelbegriff, in dem aus Einzelbeispielen abgeleitete Merkmale unterschiedlichen Charakters und Wertes aneinandergereiht werden. Es lassen sich generell zwei Beschreibungszweige unterscheiden, ein intentionaler und ein struktureller:

Beschreibungsmerkmale intentional	Beschreibungsmerkmale strukturell
→ ungewöhnliches Ereignis (*Goethe*) → im Mittelpunkt stehender Konflikt (*Storm*) → Einbruch des Dämonischen (*Pongs*)	→ Verkürzungstechniken → Tektonik → Rahmen → Mittelpunktsereignis → Wendepunkt → Leitmotiv

Parabel

Lehrhafte Erzählung

Die Parabel ist als Großform des Vergleichs eine lehrhafte Erzählung und leitet ihren Namen von dem griechischen Wort *parabole* = Gleichnis ab. Aber anders als beim Gleichnis gibt es zwischen dem dargestellten Vorgang, der **Bildebene**, und dem gemeinten Bereich, der **Sachebene**, auf die verwiesen wird, keinen direkten Bezug. Zwischen beiden Ebenen gibt es also keine „so-wie-Beziehung", sodass die Ermittlung der gemeinten Sachebene durchaus rätselhaft und strittig sein kann.

Kurzgeschichte

short story

Die Kurzgeschichte verdankt ihren Namen der Übersetzung der amerikanischen Bezeichnung *short story*. Sie definiert sich nicht vorrangig über die Kürze, obwohl ihr Name es nahelegt, sondern über mehrere inhaltliche und formale Kriterien:

Kennzeichen	Erscheinungsform
Aufbau	unmittelbarer Einstieg, komprimierter Handlungsverlauf oft mit Wendepunkt, offener Schluss
Inhalt	auf ein konkretes, isoliertes Geschehen begrenztes Alltagsereignis
Erzähler	zumeist distanzierter personaler Er-Erzähler
Raum-Zeit-System	begrenzt, überschaubar und oft nur angedeutet
Figuren	wenige, kaum charakterisierte, oft typisierte Durchschnittsmenschen
Handlung	meist einsträngig und chronologisch; Rückblenden und Vorausschau sind nicht ausgeschlossen
Sprache	konzentrierte Alltags- und Umgangssprache

BAUSTEINE DER ERZÄHLTHEORIE: BAUSTEINE DER TEXTANALYSE

Allgemeine Elemente

Die Erzähltheorie untersucht vor allem die verallgemeinerbaren Elemente des Erzählens: die Erzählformen, die Erzählperspektive, das Raum-Zeit-System, die Darbietungsformen des Erzählens, die Erzähltechniken und die Gestaltung der Handlung und Figuren.

Erzählformen

Fiktiver Vermittler

Von zentraler Bedeutung ist der Erzähler. Als vom Autor fiktiv eingesetzter Vermittler und Informationsquelle der Darstellung ist er, selbst wenn das Erzählte sich biografisch auf den Autor bezieht, vom Autor zu unterscheiden, weil er keine authentische Person ist, sondern nur eine jederzeit gestaltbare Rolle einnimmt. Diese Rolle kann verschiedentlich ausgeformt sein; man unterscheidet folgende Erzählformen:

Erzählform	Beschreibung
Ich-Erzähler	
	subjektive Darstellung aus der Sicht des Erzählenden, der entweder in die Handlung eingebunden ist oder sie nur beobachtet
Er-Erzähler	
personaler Erzähler	subjektive, aber distanzierte Darstellung: Der Erzähler kann nur das berichten, was sich ihm als einem an den Geschehnissen Beteiligten sinnlich erschließt und wozu er eine Meinung haben kann.
neutraler Erzähler	Versuch einer objektiven Darstellung: Der Erzähler versucht, ein Geschehen, an dem er selbst nicht beteiligt ist, so objektiv wie möglich darzustellen, d. h. ohne eigene subjektive Beimengungen.
auktorialer Erzähler	(nach lat. *auctor* = Urheber) allwissender und allmächtiger Erzähler: darf alles, muss aber gar nichts: Aus einer „olympischen" Perspektive kennt der Erzähler nicht nur das Geschehen in allen Details einschließlich ihrer Vorgeschichte und ihren Folgen, er vermag auch in alle Figuren hineinzublicken und ihre Gedanken und Empfindungen darzustellen.
Sonderformen	
variabler Erzähler	Versuch einer Objektivierung der Darstellung durch mehrere Erzähler (polyperspektivisch), die denselben Sachverhalt aus ihrer Sicht darstellen.

Raum-Zeit-System

Zeit

Begriff	Erläuterung
Zeit der Handlung	historischer Zeitpunkt, zu dem die Handlung angesiedelt worden ist, durch entsprechende Deiktika (Hinweise)
Tempus	(in der Regel) episches Präteritum als erzählerische Gegenwart; Präsensverwendung als besonderes Mittel der Spannungssteigerung oder als Hinweis auf zeitunabhängige Gegebenheiten
Erzählte Zeit	dargestellter Zeitraum
Erzählzeit	Erzähl- und Rezeptionsdauer
→ Zeitraffung	Erzählzeit < erzählte Zeit
→ Zeitdeckung	Erzählzeit = erzählte Zeit
→ Zeitdehnung	Erzählzeit > erzählte Zeit

Raum

Begriff	Erläuterung
geografischer Raum	Verortung in der Realität durch entsprechende Deiktika
fiktiver Raum	erfundener Raum
symbolischer Raum	Außenwelt = psychische Situation

Handlungsgestaltung

Begriff	Erklärung
Ausgangssituation	→ Aufbau eines Raum-Zeit-Systems → Einführung von Figuren → Ausgangshandlung, -ereignis

Handlungsentwicklung	→ Anlage von Handlungssträngen, Parallelhandlungen
	→ Anlage von äußerer Handlung (Ereignisfolge) und innerer Handlung (Bewusstseinsvorgänge)
	→ Art der Handlungsaufbaus:
	  • tektonisch: die Handlungselemente sind spiegel-symmetrisch angeordnet (z.B. Aufbruch – Werbung um eine Frau – Bewährung in Abenteuern – Annahme der Werbung – Heimkehr)
	  • aktektonisch
	→ Handlungsführung:
	  • konsekutiv = linear-chronologische Ereignisfolge
	  • konsequentiell = logisch notwendige Ereignisfolge, die zu chronologischen Sprüngen führt
	  • analytisch = rückwärts erschlossene Ereignisfolge (z.B. Detektivroman)
	  • mit oder ohne Rückblenden oder Vorausdeutungen in jeweils folgenden Funktionsmöglichkeiten:
	    – expositorisch-konstitutiv zur Grundlegung des Handlungsverständnisses
	    – explikativ-kommentativ zur Erläuterung einer konkreten Handlungssituation
	    – final-prognostisch zur Einleitung oder Folgedarstellung des Schlusses
	→ Verknüpfungsbesonderheiten:
	  • Leitmotive
	  • Montage

Besondere Techniken	Rahmenerzählungen, Verfremdungen, Parallelismen, Retardationen, Reihungen, Hervorhebungen usw.

Figurengestaltung

Äußere Merkmale	Name (ggf. sprechender Name), Aussehen, Sprache, Gewohnheiten, Umgangsformen, Auftreten, Familienstand
Charakterisierungen	→ Erzählerbeschreibung → Selbstdarstellung → Fremdbeurteilungen
Wesensstruktur	Intellektualität, Emotionalität, Sensibilität, Einstellungen, Entwicklungsfähigkeit
Bedingungen des sozialen Umfelds	soziale Schicht, Elternhaus, Schule, Beruf, Beziehungen; Rolle und Funktion in der Figuren-konstellation

Darbietungsformen des Erzählens

Darbietungsform	Erläuterung
Erzählbericht	Darstellung der Ereignisfolge
Deskriptionen	veranschaulichende Beschreibungen des Erzählers
Szenische Darstellung	Darstellung in Form eines Figurendialogs
Kommentare, Reflexionen	Erläuterungs- und Bewertungsaussagen des Erzählers

Figurenrede

Begriff	Erläuterung
direkte Rede	wörtliche Rede mit Inquit-Formel (lat. *inquit* = er/sie sagte) und Anführungszeichen: → Indikativ Präsens
indirekte Rede	Wiedergabe der wörtlichen Rede durch den Erzähler: → 3. Person Konjunktiv Präsens
innerer Monolog	Wiedergabe der Figurengedanken durch die Figur: → Indikativ Präsens ohne Inquit-Formel
erlebte Rede	Wiedergabe der Figurengedanken durch den Erzähler: → 3. Person Indikativ Präteritum
stream of consciousness	untrennbare Koppelung von innerem Monolog und erlebter Rede

1.1.3 POETISCHE TEXTE (LYRIK)

„Gemachtes" Der Begriff **„Poesie"** ist abgeleitet vom griechischen Wort *poiesis*, das sich wiederum auf das Verb *poiein* = machen bezieht und damit alle Erscheinungsformen der Dichtung ganz allgemein als „Gemachtes" bezeichnet. Im engeren Sinne grenzt dieser Begriff wie im Englischen und Französischen diejenigen Texte von der Prosa ab, die als konstitutives Merkmal den **Vers** vorweisen, also die abgebrochene Schreibzeile. Der Begriff **„Lyrik"**, der sich an das griechische *lyra* = Leier anlehnt, verweist zudem auf die Nähe dieser Textart zur Musik und ihre Bevorzugung der rhythmisch gebundenen Form. Lyrik wird wegen der Unmittelbarkeit ihres Ausdrucks auch als ursprünglichste aller Dichtungsformen betrachtet.

BAUSTEINE DER TEXTBESCHREIBUNG

Gedichtformen

Gedichtform	Erläuterung
Lied	einfache Strophen aus meist 4 gereimten kurzen Versen
Sonett	2 Quartette (vierzeilige Strophen): abba, 2 Terzette (dreizeilige Strophen): cdc/dcd oder cde oder ccd/eed
Ballade	längeres strophisch gegliedertes (dramatisches) Erzählgedicht
Ode	reimlose Strophen in hohem Sprachstil, teils mit festem Metrum, teils mit festgelegter Silbenzahl je Vers, teils völlig frei gestaltet
Hymne	freirhythmischer feierlicher Preisgesang ohne Reim
Elegie	ursprünglich in Distichen (Verspaar aus Hexameter und Pentameter) verfasstes Gedicht in wehmütig-klagendem Ton
Haiku	dreizeiliges Gedicht mit traditionell 5-7-5 Silben oder modern höchstens 17 Silben.

Strophenformen

Strophenform	Erläuterung
Distichon	2-zeilig, meist 6 Daktylen
Lied	4-zeilig, oft im Kreuzreim mit alternierendem Metrum
Chevy-Chase	4-zeilige Balladenstrophe: 1. u. 3. Vers: 4 Hebungen, 2. u. 4. Vers: 3 Hebungen, Kreuzreim, männliche Kadenz
Stanze	8-zeilig; Reimschema: abababcc, oft 5-hebiger Jambus

Reimformen

Reimorte	Reimformen	Beschreibung
Endreime	Paarreim	aa bb cc
	Kreuzreim	abab
	umarmender Reim	abba
	Schweifreim	aabccb
	Haufenreim	aaaaa
	Schüttelreim	Vertauschung der anlautenden Konsonanten der reimenden Silben
Binnenreime	Anfangsreim	Reim der ersten beiden Wörter im Vers
	Binnenreim	Reim innerhalb desselben Verses
	Schlagreim	Reim zwischen zwei aufeinanderfolgenden Wörtern
ohne Reim	Waise	reimloser Vers innerhalb einer gereimten Umgebung

ELEMENTE DES LYRISCHEN SPRECHENS: BAUSTEINE DER TEXTANALYSE

Metrum

Metrum	Beschreibung
Jambus	xx́: Gedícht: Abfolge von unbetonter und betonter Silbe Blankvers (5-hebig ohne Reim), Alexandriner (6-hebig mit Zäsur)
Trochäus	x́x: Áchtung: Abfolge von betonter und unbetonter Silbe
Anapäst	xxx́: Anapä́st: Abfolge von zwei unbetonten und einer betonten Silbe
Daktylus	x́xx: Dáktylus: Abfolge von einer betonten und zwei unbetonten Silben Hexameter (6-hebig); Pentameter (6-hebig mit 2 fehlenden Senkungen)
Knittelvers	unregelmäßig, 4 Hebungen, paargereimt

Merkvers:

Kräftig beginnt das daktylische Metrum

Xxx / Xxx / Xxx / Xx(x)

und verkehrt anapästisch beschwert den Akzent.

xxX / xxX / xxX / xx

Schnell entflieht ihn der Trochäus

Xx / Xx / Xx / Xx

und fängt den kecken Jambus ein.

xX / xX / xX / xX

Vers

Versgestalt	Beschreibung
Zeilenstil	Kolon (Satzeinheit) und Versende stimmen überein (oft Satzzeichen, Beginn des nächsten Verses mit „und" etc.).
Enjambement	Zeilensprung: Satzeinheit wird im folgenden Vers fortgeführt.
Hakenstil	Dominanz von Enjambements in einer Strophe

Kadenz

Die Kadenz beschreibt die metrische Form des Versausgangs:

Versausgang	Beschreibung
männlich	betontes Versende: hát, Apparát, Erntedánk
weiblich	unbetontes Versende: gelúngen, háben, Líebschaft

Bildlichkeit

Bildform	Erläuterung
Vergleich	mit „wie"
Metapher	Vergleich ohne „wie"
Symbol	allgemein eingeführtes und bekanntes Sinnbild
Chiffre	außerhalb der Konvention willkürlich gewähltes Sinnbild

Klangmittel

Klangmittel	Beschreibung
Assonanz	auffällige Wiederholung gleicher Vokale in betonten Silben
Alliteration	auffällige Wiederholung gleicher Konsonanten in betonten Silben
Onomatopoesie	Lautmalerei

1.2 Pragmatische Texte (Sachtexte)

1.2.1 UNTERSCHEIDUNGEN, REDESTRATEGIEN, RHETORISCHE FIGUREN

Nicht-
fiktional

Als Sachtexte bezeichnet man alle nicht-fiktionalen Texte. Weil sie in der Regel eine Absicht haben und einen Zweck verfolgen, nennt man sie auch **Gebrauchstexte** oder pragmatische Texte. Sie treten in unserem Alltag in vielfältigster Weise in Erscheinung. Das macht es schwierig, ein eindeutiges Ordnungsraster für die möglichen Textsorten zu erstellen, weil in den seltensten Fällen in einem Text nur eine einzelne Absicht verfolgt wird. Üblicherweise ordnet man die pragmatischen Texte nach ihren dominanten Sprachfunktionen.

SACHTEXTE

Sprachfunktion	Stilmerkmale	Textsorten
darstellend-informativ	unpersönlich, sachlich, knapp, verständlich, zuverlässig, empfängerbezogen	Dokument, Bericht, Beschreibung, behördliche Schreiben, Inhaltsangabe, Nachricht, Protokoll, Rezept, Einkaufzettel
sozial-normativ	sachlich, regelnd, Bedingungen und Konsequenzen betonend, verbindlich, fachsprachlich	Satzung, Gesetz, Vertrag, Erlass, Verordnung
theoretisch-argumentativ, erörternd	analytisch, logisch strukturiert, definierend, begriffs- und erkenntnisorientiert, diskursiv, um Objektivität und Überzeugung bemüht, fachsprachlich	Erörterung, Essay, Interpretation, Facharbeit, wissenschaftlicher Text
	analytisch, meinungsbildend, subjektiv, innovativ, kreativ, ggf. auch unterhaltend	Leitartikel, Kommentar, Rezension, Glosse, Leserbrief
expressiv-kontaktiv	ausdrucksbetont, autor- und empfängerbezogen, auf Miterleben, Mitfühlen und Anteilnahme angelegt	Karte, Brief, Tagebuch
appellativ-persuasiv	überredend, rhetorisch, emotionale Wortwahl, Hochwertwörter, handlungsanweisend	Werbetext, politische Rede

DIE LOGISCHE STRUKTUR

Wie analysiert man einen Sachtext?

Das Schwierigste bei der Analyse eines argumentativen Sachtextes ist die Ermittlung seiner **logischen Struktur**. Nicht immer wird nämlich das schlichte Modell von Einleitung, Hauptteil und Schluss eingehalten, nicht immer gliedert sich der Hauptteil einfach in Pro und Contra. Oft enthält ein Sachtext ein auf den ersten Blick nicht leicht zu durchschauendes Geflecht von vorgetragenen Begründungen, die erst bezweifelt oder widerlegt werden, bevor der Autor seine eigenen Argumente vorträgt, sie eventuell gegen mögliche Anzweiflungen verteidigt und so seine These bzw. Antithese bekräftigt. Es lassen sich folgende drei generelle Argumentationsmodelle unterscheiden:

Lineares Modell	Einleitung – These – Begründung (ggf. mehrgliedrig) – Widerlegung möglicher Nachteile – Darlegung der Vorteile und positiven Konsequenzen – Wiederholung der These / Schluss
Dialektisches Modell	Einleitung – Antithese – Begründungen der Antithese – Widerlegung der Begründungen – These – Begründungen der These – Zurückweisung möglicher Einwände – Fazit: Wiederholung der These / Schluss
Antithetisches Modell	Einleitung – Antithese 1 – Widerlegung ihrer Begründung – These 1 – Begründung – Antithese 2 – Widerlegung ihrer Begründung – These 2 – Begründung – etc. – Zusammenfassung und Fazit /Schluss

DIE REDE

Redesituation und -ziel

Unter den pragmatischen Texten kommt der Rede eine besondere Stellung zu. Sie zählt zu den am feinsten ausgestalteten Formen der rhetorisch ausgestalteten Kommunikation. Ausgangspunkt einer jeden Redeanalyse muss die Klärung der **Redesituation** sein, also die Beantwortung der Fragen: Warum spricht wer worüber wo zu wem und wie sieht der sozio-kulturelle und historisch-politische Hintergrund dieser Rede aus?

Unter Berücksichtigung der Redesituation und des Redeziels unterscheidet man drei Redearten:

Redearten

Festrede (genus demonstrativum)	ausdrucksorientiert: Im emotionalen Einvernehmen zwischen Redner und Publikum wird einer Person, einer Sache, einem Anlass feierlich gedacht.
Entscheidungsrede (genus deliberativum)	handlungsorientiert: politische Rede: Mit allen zur Verfügung stehenden Mitteln wird etwas empfohlen oder abgelehnt.
Gerichtsrede (genus judiciale)	thematisch orientiert: Anklage oder Verteidigung: Es wird nur ein Aspekt, pro oder contra, berücksichtigt.

Redestrategien

Aufwertung	→ Verwendung von positiv besetzten, dynamisch wirkenden Wörtern und Begriffen (Leitwörter, Hochwertwörter) → Hervorhebung, Lob und Anerkennung der Wir-Gruppe → positive Verallgemeinerungen und Betonung positiver Teilaspekte → Verwendung von gängigen Formulierungen (Schlagwörter) → Verweis auf gleichgesinnte Autoritäten
Beschwichtigung	→ Herunterspielen, Ausklammern, Tabuisieren unangenehmer Probleme → Notwendigkeit und Zwanghaftigkeit des eigenen Vorgehens betonen → Appelle an die Verantwortungsgemeinschaft
Verschleierung	→ Verwendung bewusstseinslenkender Begriffe → Sprachlenkung: ideologische Umbenennungen → Verwendung von Wörtern, deren Inhalt unklar ist (Leerwörter)

Abwertung	→ Tadel, Kritik, Verunglimpfung der Gegner auch durch Unterstellungen
	→ Hervorhebung von behaupteten Schwächen, Fehlern und Vergehen der Gegner
	→ Aufspaltung des Gegners: Unterteilung in Gute und Schlechte, Behauptung gravierender Meinungsverschiedenheiten
	→ Verwendung von negativ besetzten, hinfällig wirkenden, lächerlich machenden Wörtern und Begriffen
Dramatisierung	→ emotional aufwühlendes, Angst und Befürchtungen schürendes, schicksalsträchtiges Vokabular
	→ maßlose Übertreibungen (gern bei Zahlenwerten und Problemen)

RHETORISCHE FIGUREN

Figur	Beispiel	Definition	Funktion
			phonologisch
Alliteration	*wie wundersam das Wolkenwort gewählt*	Silben: auffällige Wiederholung gleicher Konsonanten in betonten Silben	*Intensivierung*
Assonanz	*Am Anfang war alles wahr.*	auffällige Wiederholung gleicher Vokale in betonten Silben	*Intensivierung*
Onomatopoesie	*Es knistert und knastert.*	Lautmalerei	*Veranschaulichung*
Paronomasie	*Eile mit Weile*	Wortspiel durch Verbindung klangähnlicher Wörter	*Intensivierung*
			semantisch
Antithese	*Der Wahn ist kurz, die Reu' ist lang.*	Entgegenstellung von Begriffen und Gedanken	*Pointierung*

Figur	Beispiel	Definition	Funktion
Hendiadyoin	Hilfe und Beistand	inhaltlich identische Substantive	Betonung
Neologismus	Knabenmorgenblütenträume	Wortneuschöpfung	Anschaulichkeit
Oxymoron	schweigend im Gespräch vertieft; bittere Süße	zwei sich widersprechende Vorstellungen	Humor; innere Spannung
Pleonasmus	weißer Schimmel	Wiederholung eines charakteristischen Merkmals des Bezugswortes	Überbetonung
Synästhesie	das warme Braun ihrer Stimme	Verbindung unterschiedlicher Sinneseindrücke	Intensivierung
Tautologie	immer und ewig Persil bleibt Persil.	inhaltlich identische Adjektive oder Satzaussage	Betonung
Zwillingsformel	Mann und Maus, Kind und Kegel, Tod und Teufel	zwei meist antithetische Begriffe, gern mit Alliteration	Anschaulichkeit, Betonung
			syntaktisch
Akkumulation	Vieh, Menschen, Stadt und Felder (Welt)	Aufzählung zu einem Oberbegriff	Ausschmückung
Anapher	Das Wasser rauscht / das Wasser schwoll	Wortwiederholung am Satz- oder Versanfang	Betonung
Asyndeton	Alles rennet, rettet, flüchtet.	Reihung von Satzteilen ohne Konjunktion	Dynamisierung
Chiasmus	Die Kunst ist lang und kurz ist unser Leben.	symmetrische Überkreuzstellung einander entsprechender Satzglieder	Pointierung

Figur	Beispiel	Definition	Funktion
Ellipse	*Je früher, desto besser.*	unvollständiger Satz	*Hast, Unruhe*
Epipher	*Doch alle Lust will Ewigkeit, will tiefe, tiefe Ewigkeit.*	Wortwiederholung am Satz- oder Versende	*Betonung*
Geminatio	*Mein Vater, mein Vater!*	unmittelbare Wiederholung eines Wortes oder Satzteils	*Nachdrück-lichkeit*
Klimax	*Ich kam, sah und siegte.*	dreigliedrige Steigerung; umgekehrte Abschwächung: **Antiklimax**	*Pointierung*
Parallelismus	*Heiß ist die Liebe, kalt ist der Schnee.*	Wiederholung gleicher Syntaxabfolge	*Pointierung*
Polysyndeton	*und läuft und läuft und läuft*	unnötige Verbindung von Satzteilen durch Konjunktionen	*Betonung*
rhetorische Frage	*Sind wir nicht alle Menschen?*	Scheinfrage, die keine Antwort erwartet	*Nachdrück-lichkeit*
Zeugma	*Ich heiße Peter und Sie herzlich willkommen.*	überraschende Zuordnung eines Prädikats zu unterschiedlichen Objekten	*Humor*
			pragmatisch
Allegorie	*Justitia = Gerechtigkeit*	konkrete bildhafte Darstellung eines abstrakten Begriffes	*Bildlichkeit*
Allusion	*Ich wundere mich nicht, dass er eine Pinocchio-Nase hat.*	Anspielung	*Bildungsbeweis*

Figur	Beispiel	Definition	Funktion
Euphemismus	*Entsorgungspark = Mülldeponie*	Beschönigung	*Beschwichtigung*
Hyperbel	*Schneckentempo, Meer von Tränen*	Übertreibung	*Dramatisierung*
Ironie	*Du bist mir ein schöner Freund!*	unwahre Behauptung zur Kennzeichnung des Gegenteils	*Pointierung*
Litotes	*gar nicht so hässlich = recht hübsch*	behutsame Bejahung durch doppelte Verneinung	*Schonung oder Betonung*
Metapher	*Königin der Herzen*	Vergleich ohne wie	*Bildlichkeit*
Metonymie	*den ganzen Goethe lesen; ein Gläschen trinken; das Weiße Haus sagt*	Ersatz eines Wortes durch eines, das zu ihm in unmittelbarer Beziehung steht	*Anschaulichkeit*
Paradoxon	*Das Leben ist der Tod, und der Tod ist das Leben.*	Scheinwiderspruch	*Pointierung*
Periphrase	*Auge des Gesetzes = Polizei*	Umschreibung	*Bildlichkeit*
Personifikation	*Mutter Natur*	Vermenschlichung	*Anschaulichkeit*
Symbol	*Kreuz = christlicher Glaube Schwert = Krieg, Kampf*	vereinbartes konkretes Sinnbild für etwas Abstraktes	*Bildlichkeit*
Vergleich	*steif wie ein Stockfisch*	Verknüpfung zweier Begriffe mit wie	*Bildlichkeit*

1.2.2 MEINUNGSBILDENDE TEXTE

Häufig
tagesaktuell

Meinungsbildende Texte haben eine theoretisch-argumentative oder erörternde Sprachfunktion, nehmen in der Regel zu tagesaktuellen Problemen und Fragen Stellung und treten vor allem als journalistische Texte in Erscheinung, als Leitartikel, Kommentar, Leserbrief oder Glosse.

LEITARTIKEL, KOMMENTAR, LESERBRIEF

Inhaltliche
und
stilistische
Kriterien

Inhaltlich sind folgende Bausteine zu erwarten:
→ Bezugnahme zur tagesaktuellen Meldung, zum besprochenen Problem oder zum umstrittenen Thema
→ Einordnung des Themas in einen übergeordneten Zusammenhang oder Erläuterung des thematischen Hintergrunds
→ subjektiv argumentative Beurteilung des fraglichen Sachverhalts
→ appellative Schlussfolgerung in Form eines Wunsches oder einer Aufforderung

Stilistisch kann man davon ausgehen, dass ein Leitartikel und Kommentar
→ in der Sachdarstellung nüchtern bleibt, um die Zuverlässigkeit der vorgetragenen Fakten nicht zu gefährden,
→ in der Argumentation final strukturiert und wenig konzessiv ausfällt, um eine größtmögliche Effektivität zu erzielen,
→ in der Diktion um prägnante Aussagen und schlagkräftige, pointierte Begrifflichkeit bemüht sein wird, um der eigenen Stellungnahme rational und emotional Nachdruck zu verleihen.

GLOSSE

Verschiedene
Bedeutungen

Die Glosse ist ursprünglich eine Bemerkung, die in einen Text hineingeschrieben worden ist. Die Glosse in einer Zeitung ist eine Bemerkung zu einer bestimmten Nachricht. Aber anders als der Leitartikel, Kommentar oder Leserbrief ist diese Sonderform in der Regel weniger umfangreich, konzentriert sich auf einen einzigen herausgegriffenen Aspekt, ist in unterhaltender Absicht bewusst, manchmal sogar zwanghaft einseitig sowie **geistreich-witzig, spöttisch und ironisch** gehalten und läuft gern auf eine Pointe hinaus.

REZENSION

Sonderfall
des
Kommentars

Die Rezension ist ein Sonderfall des Kommentars, denn er bezieht sich auf künstlerische Produkte wie Neuerscheinungen von Büchern, Filmen, CDs, DVDs oder Theater- oder Musikaufführungen. Die Rezension, umgangssprachlich auch einfach **Kritik** genannt, verfolgt das Ziel, der Leserschaft eine erste Orientierung zu bieten. Während sich die Buchrezensionen im Wesentlichen auf die Beurteilung der Thematik, Stoffgestaltung und Schreibweise eines Buches beschränken können, bewertet die Rezension einer Theateraufführung die Gestaltung der Akustik, des Bühnenbildes, des Lichts, der Ausstattung und der Kostüme ebenso wie die Leistung der Regie und aller wesentlichen Darsteller.

ESSAY

„Versuch"

Der oder das Essay, ein vom Französischen *essai* = Versuch abgeleiteter Begriff, nimmt eine Sonderstellung unter den meinungsbildenden Texten ein. Es handelt sich dabei um einen umfangreicheren, thematisch völlig offenen, betont **subjektiv argumentierenden Text**, der sich an einen fiktiven Leser wendet. Aufgrund seiner großen Gestaltungsfreiheit sind Aufbau und Stil eines Essays kaum festzulegen.

1.2.3 AKTUELLE THEMEN FÜR SACHTEXTE UND ERÖRTERUNGEN

MEDIEN

Die interessantesten Texte dürften aufgrund ihres technischen und/oder philosophischen Anforderungsprofils zu speziell und zu anspruchsvoll sein, sodass in der Abiturprüfung eher Feuilleton- oder populärwissenschaftliche Texte zu erwarten sind, die die möglichen Konsequenzen einer intensiven Nutzung der neuen Medien (Computer, Smartphone, Internet) auf das Bewusstsein und die Wahrnehmung von Wirklichkeit diskutieren.

Positive Konsequenzen	Negative Konsequenzen
→ Förderung der kommunikativen Beziehungen → Förderung der interaktiven Intelligenz	→ Verdummung durch Trivialisierung → Passivität und Desensibilisierung → Verlust des traditionellen Wertesystems → Soziale Isolation → Realitätsverlust → Steigerung der Gewaltbereitschaft

SPRACHWANDEL

Einfluss des Englischen

Es war immer in der Geschichte so, dass das jeweils führende politische oder wirtschaftliche System der Zeit als politisches, wirtschaftliches oder kulturelles Vorbild auch sprachliche Dominanz besaß. Heute, in Zeiten der kapitalistischen anglo-amerikanisch bestimmten Globalisierung, nimmt das Englische in den Bereichen der Wirtschaft, des IT-Bereichs und der Alltagskultur verstärkten Einfluss auf die deutsche Sprache. Das wird vielfach als störend, wenn nicht gar als Sprach- und Kulturverlust gewertet. Dabei vergisst man, dass aufgrund der Globalisierung auch die deutsche Sprache in andere Zungen hineinwirkt. Ärgerlich sind die Anglizismen, die in Geltungssucht und Scheinmodernität gründen.

SPRACHSOZIOLOGIE 1: GENDERLEKT

Männersprache, Frauensprache?

Die Frage nach dem Genderlekt, der Frage nach der Männer- bzw. Frauensprache, ist im Wesentlichen keine Frage nach der Sprachdifferenz zwischen den Geschlechtern, als vielmehr die Frage nach einer geschlechtergerechten Sprache. Seit den 1970er Jahren des vergangenen Jahrhunderts sind im Rahmen der Emanzipationsbestrebungen der Frau Klagen über den Sexismus in der Sprache formuliert und zur Erlangung der auch sprachlichen

Gleichberechtigung Forderungen aufgestellt worden, die den gängigen Maskulinismen in der deutschen Sprache den Kampf angesagt haben. Daraus haben öffentliche und amtliche Stellen ihre Lehren gezogen und bemühen sich heute in vielfacher Weise um Sprachgerechtigkeit. Dies geschieht überwiegend entweder durch die **Verdeutlichung** der beiden Geschlechter, indem man beide Geschlechtsgruppen direkt anspricht (Doppelanrede: „Schülerinnen und Schüler") oder dadurch, dass man sich um eine **neutrale Ausdrucksweise** bemüht, was häufig bereits durch Pluralbildungen vollzogen werden kann („Studierende" statt: Studenten, „alle, die zur Wahl berechtigt sind" statt: jeder Wahlberechtigte; „Es ist nicht bekannt, wer das Werk verfasst hat" statt: der Verfasser des Werks ist unbekannt; „Beratung der Kundschaft" statt: Kundenberatung).

SPRACHSOZIOLOGIE 2: JUGENDSPRACHE

Kennzeichen

Die Jugendsprache ist ein wesentlicher, sich historisch immer wieder verändernder Soziolekt. Er kennzeichnet sich unabhängig von der jeweils sprechenden Gruppierung zumeist durch:

→ besondere Gruß- und Anredeformen: „Alter", „Digger" (Dicker), „Tussi"
→ Verwendung einer Sonderlexik: „alken", „Randalo", „Proggi", „chillen", „beachen", „abcoolen", „Bonsai", „fett", „Looser", „Massage", „labundig" etc.
→ Verwendung gemeinsprachlicher Ausdrucksformen: „Fressbrett"
→ Verbalisierung von Substantiven: „müllen" = dummes Zeug reden
→ stark expressive, oft superlativ übersteigerte Adjektive: „megageil"
→ Hyperbeln (Übertreibungen): „hunderttausend Leute"
→ metaphorische (bildhafte) Ausdrucksweise: „Münzmallorca" = Solarium
→ häufiger Gebrauch abtönender Füllwörter: „irgendwie", „oder so"
→ Verwendung von Abbreviationen: „türlich" = natürlich
→ elliptische Syntaxverwendung: „klaro" = versteht sich von selbst
→ nachdrückliche Bestätigung: „ehrlich", „echt ey"
→ Rückversicherungsfloskeln: „weißt du"

Von „knorke" bis „cool"

Besonders bei Fragen der Wertung ist die Jugendsprache lexikalisch-semantisch aktiv, also bei Äußerungen der Wertschätzung oder Geringschätzung (z.B.: „knorke", „tofte", „jovel", „spitze", „klasse", „super", „geil", „cool" [in etwa historische Abfolge]; „grottig", „sich einen Fetten machen" = sich drücken) oder zum Ausdruck der Verwunderung oder Unzufriedenheit („ich denk, mich knutscht ein Elch").

Jugendsprache ist zunächst abwertend betrachtet als „Halbstarken-Chinesisch" stigmatisiert worden, ehe sie über „Teenagerdeutsch" und „Schülerdeutsch" als Jugendsprache auch wissenschaftlich ernst genommen wurde. Heute wird der Collage-Stil der Jugendsprache, der nach innen Solidarität und nach außen Distinktion vermittelt und sich einerseits aus der Mediensprache und andererseits aus der eigenen Sprachhaltung speist, als Quelle kultureller Entwicklungen betrachtet.

2. LITERATURGESCHICHTE VOM MITTELALTER BIS ZUR GEGENWART

2.1 Mittelalter (800–1500)

Begriff	→ Zeitraum zwischen 476 (Untergang des weströmischen Reiches) und 1492 (Entdeckung Amerikas) → Frühmittelalter: 800–1170 → Hochmittelalter: 1170–1300 → Spätmittelalter: 1300–1500
Sozio-historische Situation	→ Zeit des deutschen Kaisertums: Karl der Große (748–814), Ottonen (919–1024), Salier (1024–1125), Staufer (1138–1256): Rittertum → Auseinandersetzung zwischen Kaiser und Papst → fünf Kreuzzüge (1096–1229)
Zeitgeist	Verschmelzung von germanischem Volkstum, Christentum und antikem Erbe: ritterliches Ethos
Themen	Heldenepos, Rittertum, Minnesang; Mystik

Repräsentanten und Werke:

→ **Wolfram von Eschenbach** (um 1170–um 1220): Dichter und Minnesänger
  Werke: *Minnelieder* (1200/05), *Parzival* (Heldenepos,1200/10)
→ **Walther von der Vogelweide** (um 1170–ca. 1227/30): bedeutendster Lyriker des Mittelalters, Begründer des Meistergesangs: politische Spruchdichtung (1198–1227)
→ **Gottfried von Straßburg** (12.–Anfang 13. Jh.): deutschsprachiger Dichter
  Werk: *Tristan und Isolde* (bedeutendster Liebesroman des Mittelalters)
→ **Meister Eckhart** (um 1260–1327): Dominikaner, einflussreichster Mystiker und Lehrer seiner Zeit
→ **unbekannt**: *Nibelungenlied* (um 1200)

2.2 Renaissance (1450–1600)

Begriff	→ Renaissance (frz.) = Wiedergeburt, Wiederwachsen → Epoche zwischen 1450 und 1600
Sozio-historische Situation	→ 1453 Eroberung Konstantinopels durch die Türken → Herrschaftskampf zwischen Habsburg und Valois um Burgund → Zeit der Bauernkriege (1476, 1525) → Zeitalter der Bildung, der Wissenschaften und Entdeckungen
Zeitgeist	→ Humanismus: Streben nach freier und universaler Bildung → Reformation: Rückbesinnung der Religion auf Offenbarung und Glaube
Themen	Selbstreflexionen über Wesen und Stellung des Menschen

Repräsentanten und Werke:

Das Narren-schiff

→ **Sebastian Brant** (1457–1521): Professor der Jurisprudenz in Basel und Straßburg, Mitbegründer des oberrheinischen Humanistenkreises
Werk: *Das Narrenschiff* (Lehrgedicht, 1494)

→ **Martin Luther** (1483–1546): Bibelübersetzer und Erneuerer der deutschen Sprache
Werke: Bibelübersetzung (1534), *Sendbrief vom Dolmetschen* (1530)

→ **Hans Sachs** (1494–1576): Nürnberger Handwerksmeister; bekanntester Vertreter der bürgerlichen Literatur; verfasste über 4000 Meistergesänge, über 200 Schauspiele, mehr als 1500 Schwänke, Fabeln und andere Schriften von künstlerisch eher unbedeutendem Wert.

→ **Volksbücher**: *Eulenspiegel* (1515), *Faust* (1587)

2.3 Barock (1600–1720)

Begriff	→ 1) von *Baroco* (Syllogismusbegriff), 2) von *barocco* (port.): unregelmäßig → Epoche des 17. Jahrhunderts
Sozio-historische Situation	→ Kampf der Mächte England, Frankreich, Spanien und Schweden um die Vormachtstellung in Europa, Dreißigjähriger Krieg (1618–1648): Leid, Hunger, Seuchen (Pest); England steigt zur Weltseemacht, Frankreich unter Ludwig XIV. zur Kulturmacht auf. → Absolutismus (Prachtentfaltung), Feudalherrschaft, Aufstieg des Bürgertums; Hexen- und Judenverfolgung; Missernten (Hungersnöte)
Zeitgeist	Leitbegriffe: Ordnung als Einheitsprinzip, Schicksal als Begründung der bestehenden Unterschiede; Lebenslust (*carpe diem*) und Vergänglichkeitsgedanke (*memento mori*, *vanitas*) bilden die antithetischen Lebensmaximen.
Themen	→ Memento-mori-Gedanke: Gedenke, dass du sterblich bist! → Vanitas-Motiv (Vergänglichkeit) → Carpe-diem-Gedanke: Nutze den Tag! → Petrarkismus: Preis der körperlichen Schönheit der Geliebten
Stil	→ Kontrasttechnik (Polarisierung, Antithetik) • semantisch: zeitlich: früher – heute – Zukunft, Diesseits – Jenseits, wertend: positiv – negativ; • begrifflich: z. B. Haus – Ruine • syntaktisch: Chiasmus; pragmatisch: Paradoxon, Oxymoron → konventionelle Bildlichkeit: Embleme (inscriptio – pictura – subscriptio), Allegorien, Topoi; Symbole, Metaphern, Vergleiche → Wiederholungen: Anapher, Parallelismus, insistierende Nennungen → Lautakzente: Assonanz, Alliteration, Klangmalerei → exaltierte Übersteigerung von Bildlichkeit und Ausdruck: Schwulst

Repräsentanten und Werke:

→ **Martin Opitz** (1597–1639): Förderer der deutschen Sprache und Begründer poetischer Regelwerke
Werk: *Buch von der deutschen Poeterey* (1624)

→ **Paul Gerhardt** (1607–1676): bedeutendster protestantischer Dichter von Kirchenliedern
Werk: *Geistliche Andachten* (1667)

→ **Andreas Gryphius** (1616–1664), eigentlich Andreas Greif, typischster Vertreter der Dichtung, die die barocke Welt- und Lebenseinstellung zum Ausdruck bringt.
Werke: *Sonette* (1643), *Absurda comica oder Herr Peter Squentz* (1657), *Horribilikribrifax oder Wehlende Liebhaber* (1663)

→ **Christian Hofmann von Hofmannswaldau** (1616–1679): begabtester Autor der sog. „zweiten schlesischen Dichterschule", der den nach dem ital. Autor Giambattista Marino (1569–1625) benannten Marinismus einführt, einen von gesuchten Bildern und überkünstelter Sprache gekennzeichneten Schwulststil.

Simpli-
zissimus

→ **Hans Jakob Christoffel von Grimmelshausen** (1622–1676): bedeutendster deutschsprachiger Romanautor der Epoche
Werke: *Der Abenteuerliche Simplizissimus Teutsch* (1669), *Die Lebensbeschreibung der Erzbetrügerin und Landesstörzerin Courasche* (1670)

→ **Catharina Regina von Greiffenberg** (1633–1694), geb. Gräfin von Seyssenegg, verfasste religiöse Gedichte und Lieder in eindringlicher Sprache, drückte ein neues Naturgefühl aus.

2.4 Das Zeitalter der Aufklärung (1720–1785)

Begriff	Seit 1691 Sammelbegriff für eine von Holland ausgehende Strömung mit dem Ziel, das soziale Leben nach den Regeln der Vernunft neu zu regeln
Sozio-historische Situation	→ Spanische Erbfolgekriege (1701–1714) → zwei Schlesische Kriege (1740–1742, 1744–1745) → Siebenjähriger Krieg (1756–1763) → Friedrich der Große (RZ 1740–1786) vs. Maria Theresia (1740–1780) → Amerikanischer Unabhängigkeitskrieg (1775–1783) → Französische Revolution (1789–1795) → Aufstieg des Besitzbürgertums zur neuen sozialen Klasse
Zeitgeist	→ Humanismus der Renaissance → französischer Rationalismus: Descartes (1596–1650), Voltaire (1694–1778) → englischer Empirismus: Locke (1632–1704), Hume (1711–1776) → französische Staatsphilosophen: Montesquieu (1689–1755), Rousseau (1712–1778) → deutsche Philosophen: Leibniz (1646–1716), Wolff (1679–1754), Kant (1724–1804)
Literarische Epochen	→ 1720–1740: Aufklärung im Zeichen Gottscheds → 1740–1780: Empfindsamkeit /Pietismus → 1740–1780: Anakreontik /Rokoko → 1755–1770: Aufklärung im Zeichen Lessings → 1767–1785: Sturm und Drang

2.4.1 AUFKLÄRUNG (1720–1770)

Zeitgeist	→ Phase Gottsched: Einsicht in die Vollkommenheit und sinnvolle Ordnung der Welt → Phase Lessing: Verwirklichung der reinen Sittlichkeit aus Vernunft
Themen	Erziehung, Bildung, sittliches Verhalten, Humanität, Toleranz
Stil	vernunftbetonter, klarer Stil

Repräsentanten und Werke:

→ **Barthold Heinrich Brockes** (1680–1747), gesprochen: Books, Schriftsteller und naturlyrischer Dichter
Werk: *Irdisches Vergnügen in Gott, bestehend in Physicalisch- und Moralischen Gedichten* (neun Bände, 1748)

→ **Johann Christoph Gottsched** (1700–1766): Professor der Poesie, später auch der Logik und Metaphysik in Leipzig, der führende Theoretiker der Dichtkunst und Literaturpapst seiner Zeit
Werk: *Versuch einer kritischen Dichtkunst* (Theorie, 1730)

Emilia Galotti → **Gotthold Ephraim Lessing** (1729–1781): Journalist und Kritiker in Berlin, Dramaturg in Hamburg und Bibliothekar in Wolfenbüttel
Werke: *Minna von Barnhelm oder Das Soldatenglück* (Komödie, 1767), *Emilia Galotti* (Bürgerliches Trauerspiel, 1772), *Nathan der Weise* (Dramatisches Gedicht, 1779)

2.4.2 ROKOKO / ANAKREONTIK (1740–1780)

Begriff	Rokoko: von franz. *rocaille* = Muschel Anakreontik: nach dem griech. Lyriker Anakreon (6. Jh. v. Chr.)
Themen	bukolische Themen: Naturromantik, Schäferidylle; Lebensgenuss: Wein, Weib und Gesang
Stil	frivole Heiterkeit, ironischer Skeptizismus

Repräsentanten und Werke:

→ **Christian Fürchtegott Gellert** (1715–1769): beliebter und „der vernünftigste aller deutschen Wissenschaftler" (Friedrich II.)

→ **Wilhelm Ludwig Gleim** (1719–1803): Verfasser von Liedern

→ **Friedrich von Hagedorn** (1708–1754): wohlhabender Hamburger Kavalier: Oden und Lieder

Sudelbücher → **Georg Christoph Lichtenberg** (1742–1799): Mathematiker, Naturforscher, Experimentalphysiker; notierte in seinen *Sudelbüchern* Aphorismen.

→ **Christoph Martin Wieland** (1733–1813): Erzieher der Söhne von Herzogin Anna Amalia von Sachsen-Weimar
Werke: *Die Geschichte des Agathon* (Roman, 1767), *Die Abderiten, eine sehr wahrscheinliche Geschichte* (Roman, 1774)

2.4.3 PIETISMUS / EMPFINDSAMKEIT (1740–1780)

Begriff	**Pietismus**: vom lat. *Pius* = fromm abgeleitete Bezeichnung für eine mystische Glaubensbewegung innerhalb der protestantischen Kirche zwischen 1670 und 1740 **Empfindsamkeit**: von G.E. Lessings 1768 erfundener Übersetzung des engl. Wortes *sentimental* abgeleitete Bezeichnung für eine vom Pietismus beeinflusste, aber säkularisierte gesellschaftliche Bewegung zwischen 1740–1780
Zeitgeist	dem gefühlsarmen Rationalismus der Aufklärung entgegengesetzte Phase der extremen Gefühlsbetonung
Themen	Allgegenwart Gottes in der Natur; Liebe, Freundschaft, Gefühl, Fantasie
Stil	schwärmerische Betonung und Beschreibung von Gefühlserlebnissen

Repräsentanten und Werke:

Wandsbecker Bote

→ **Matthias Claudius** (1740–1815): Redakteur in Wandsbeck und Darmstadt, Mitglied des „Göttinger Hains"
Werk: *Wandsbecker Bote* (1771–1775)

→ **Friedrich Gottlieb Klopstock** (1724–1803): pietistisches und empfindsames Sprachrohr seiner Zeit, leidenschaftlicher Schilderer der Freundschaft und Liebe
Werke: *Der Messias* (1748–1773), *Oden* (1771)

2.4.4 STURM UND DRANG (1767–1785)

Begriff	nach Maximilian Klingers Drama *Der Wirrwarr* (1776), dem Ch. Kaufmann den Titel *Sturm und Drang* gab.
Zeitgeist	Protest- und Erneuerungsbewegung, die eine natürliche Gesellschaftsordnung anstrebt; Geniekult; Naturidealismus
Themen	Freiheit, Dominanz der Gefühlswerte
Stil	leidenschaftlich, pathetisch

Repräsentanten und Werke:

→ **Gottfried August Bürger** (1747–1794): Professor für Ästhetik in Göttingen, verwildertes Genie mit unglücklichem Familienleben, entwickelte die deutsche Kunstballade im volkstümlichen Stil.
Werk: *Lenore* (1773)

→ **Johann Wolfgang Goethe** (1749–1832, ab 1782: von Goethe): Nach ausschweifendem Leben während des Jura-Studiums in Leipzig Abschluss der Studien in Straßburg. Dort von Herder beeinflusst; Liebe zur Sesenheimer Pfarrerstochter Friederike Brion. Während des Referendariats am Reichskammergericht in Wetzlar Liebe zu der verlobten Charlotte Buff. Ende 1775 trifft er auf Einladung des Herzogs Karl August in Weimar ein.
Werke: *Götz von Berlichingen mit der eisernen Hand* (Drama, 1773), *Die Leiden des jungen Werthers* (Roman, 1774)

→ **Johann Georg Hamann** (1730–1788): philosophischer Schriftsteller, der den irrationalen Kräften wie Ahnung und Glaube ihre berechtigte Stellung im menschlichen Leben verschaffte.

→ **Johann Gottfried Herder** (1744–1803): Initiator der Sturm-und-Drang-Bewegung, Mentor des jungen Goethe in Straßburg und zuletzt Hofprediger in Weimar

→ **Jakob Michael Reinhold Lenz** (1751–1792): einer der genialen, unglücklich veranlagten und tragischen Autoren der Zeit, der Goethe in Straßburg kennenlernte, sich mit ihm in Weimar überwarf und zum Teil von einer Geisteskrankheit gehemmt später verarmt in Moskau starb.
Werke: *Der Hofmeister oder Vorteile der Privaterziehung* (1774), *Die Soldaten* (1776)

Die Räuber

→ **Friedrich Schiller** (1759–1805): „Militärpflanzschule" auf der Solitüde bei Stuttgart, Medizinstudium, Regimentsmedikus. Nach Schreibverbot Flucht zu Henriette von Wolzogen auf das Gut Bauerbach bei Meiningen. Eine Anstellung als Theaterdirektor am Mannheimer Nationaltheater scheitert. 1788 trifft er erstmalig mit Goethe zusammen.
Werke: *Die Räuber* (1782), *Kabale und Liebe* (*Luise Millerin*, 1784)

2.5 Klassik (1786–1805)

Begriff	abgeleitet von lat. *Classicus* = höchster Rang; dann auch vollkommen, zeitlos gültig
Sozio-historische Situation	→ jakobinische Terrorherrschaft nach der Französischen Revolution → Aufstieg Napoleons, Befreiungskriege, Völkerschlacht bei Leipzig, Niederlage Napoleons bei Waterloo
Zeitgeist	→ Deutscher Idealismus (Kant): kategorischer Imperativ → Winckelmann: Schönheitsideal der Antike → Humboldt: humanistische Bildung
Themen	Grundfragen des menschlichen Lebens
Stil	gehoben, Versformen und Sentenzen bevorzugt

Repräsentanten und Werke:

Faust

→ **Johann Wolfgang Goethe** (1749–1832, ab 1782: von Goethe): nach erster Italienischer Reise (1786–1788) Aufgabe nahezu aller öffentlichen Ämter in Weimar, Konzentration auf Literatur, naturwissenschaftliche Studien und die Leitung des Weimarer Hoftheaters
Werke: *Wilhelm Meisters Lehrjahre* (Roman, 1795/96), *Iphigenie auf Tauris* (Drama, 1787), *Faust. Erster Teil* (Drama, 1808), *Die Wahlverwandtschaften* (Roman, 1809)

Don Carlos

→ **Friedrich Schiller** (1759–1805): Aufgabe seiner Lehrtätigkeit an der Universität Jena wegen eines Lungenleidens, lebte von finanzieller Unterstützung. Herausgabe der Zeitschriften *Die Horen* und *Musenalmanach*, 1799 Übersiedlung nach Weimar
Werke: *Don Carlos, Infant von Spanien* (Drama, 1787), *Über die Ästhetische Erziehung des Menschen, in einer Reihe von Briefen* (1795), *Wallenstein* (Dramentrilogie, 1798/99), *Die Jungfrau von Orleans* (1801)

2.6 Zwischen Klassik und Romantik

Drei Autoren von Rang sind nicht ohne weiteres in die Schubläden der Epochen einzuordnen, obwohl sie überwiegend in der Zeit der Weimarer Klassik lebten und schrieben: Jean Paul, Friedrich Hölderlin und Heinrich von Kleist.

→ **Jean Paul** (1763–1825), eigentlich Jean Paul Friedrich Richter, stammte aus ärmlichen Verhältnissen, war Privatlehrer und Leiter einer Elementarschule und lebte als Schriftsteller abwechselnd in Leipzig, Hof, Weimar, Berlin, Meiningen, Coburg und schließlich mit bayerischer Hofunterstützung in Bayreuth.
Werke: *Leben des vergnügten Schulmeisterleins Maria Wuz in Auenthal* (Roman, 1793), *Blumen-, Frucht- und Dornenstücke oder Ehestand, Tod und Hochzeit des Armenadvokaten F. St. Siebenkäs* (1796), *Flegeljahre* (1804)

Hyperion

→ **Friedrich Hölderlin** (1770–1843): Sohn eines hessischen Klosterhofmeisters; Hauslehrer im Hause der Frau von Kalb, einer Freundin Schillers und Jean Pauls, und dann des Bankiers Gontard in Frankfurt; nach rastlosen Wanderungen kehrte er geistig umnachtet zurück und lebte unheilbar krank ab 1806 bei einem Tischler. Seine bedeutenden, meist hymnischen Gedichte sind Gebet, Gesang und Vision zugleich.
Werk: *Hyperion oder Der Eremit in Griechenland* (Roman, 1797/99)

Michael Kohlhaas

→ **Heinrich von Kleist** (1777–1811): Sohn einer alten märkischen Adels- und Offiziersfamilie, studierte Jura und Philosophie und wollte wegen der Naturideologie Rousseaus in der Schweiz Bauer werden. Er war ruhelos auf Reisen, lebte von einer Pension der Königin Luise. Am 21.11.1811 erschoss er zuerst auf Wunsch die krebskranke Henriette Vogel und dann sich selbst.
Werke: *Der zerbrochne Krug* (Lustspiel, 1808), *Michael Kohlhaas* (Novelle, 1810), *Prinz Friedrich von Homburg* (Drama, 1810)

2.7   Romantik (1795–1830)

Begriff	romantisch = romanhaft: erfunden, unwirklich, fantastisch, überspannt; Zeitepoche zwischen dem Aufstieg Napoleons und der Julirevolution in Frankreich
Sozio-historische Situation	→ Napoleon von Austerlitz (1805) bis Waterloo (1815) → 1806 Ende des Heiligen Römischen Reiches Deutscher Nation → 1815 Wiener Kongress
Themen	Natur, Einsamkeit, Wanderschaft
Stil	synästhetische Sinneseindrücke, romantische Ironie

2.7.1   FRÜHROMANTIK

Zeitgeist	Neue Religiosität (Schleiermacher), subjektiver Idealismus (Fichte), transzendentaler Idealismus (Schelling): transzendentale Universalpoesie (Schlegel)

Repräsentanten und Werke:

Heinrich von Ofterdingen

→ **Novalis**: Friedrich von Hardenberg (1772–1801): Nach mathematisch-naturwissenschaftlichen Studien Amtshauptmann in Thüringen, starb seiner 13-jährigen Verlobten Sophie von Kühn nach.
Werke: Hymnen an die Nacht (1800), *Heinrich von Ofterdingen* (Roman, 1802)
→ **Ludwig Tieck** (1773–1853): Schriftsteller, Herausgeber und Übersetzer
Werk: Volksmärchen (1797)
→ **Wilhelm Heinrich Wackenroder** (1773–1798): Jurist und Schriftsteller
Werk: Herzensergießungen eines kunstliebenden Klosterbruders (zus. mit Ludwig Tieck, 1797)

Dichter der Befreiungskriege:

Ernst Moritz Arndt (1769–1860), **Maximilian von Schenkendorf** (1783–1817), **Friedrich Rückert** (1788–1866) **Theodor Körner** (1791–1813)

2.7.2 HOCHROMANTIK

Zeitgeist	erstrebte Einheit von Volk, Staat und Kirche nach dem Vorbild des Mittelalters

Repräsentanten und Werke:

→ **Clemens Brentano** (1778–1842): Sohn eines italienischen Kaufmanns und der von Goethe verehrten Maximiliane von La Roche; Literaturstudium in Jena; wandte sich nach unglücklich verlaufenden Ehen ganz der Kirche zu und streifte ziellos durch Europa.
Werk: *Geschichte vom braven Kasperl und dem schönen Annerl* (1817)

Aus dem Leben eines Taugenichts

→ **Joseph Freiherr von Eichendorff** (1788–1857): Oberschlesier, Studium in Heidelberg; Teilnahme am Befreiungskrieg; Eintritt in den preußischen Staatsdienst, Rat im Berliner Kultusministerium; wegen seiner Gedichte bekanntester Vertreter der Epoche
Werke: *Das Marmorbild* (Novelle, 1819), *Aus dem Leben eines Taugenichts* (Roman, 1826), *Gedichte* (1837)

→ **Jakob** (1785–1863) und **Wilhelm** (1786–1859) **Grimm**: Sprachwissenschaftler und Volkskundler
Werke: *Sammlung der Kinder- und Hausmärchen* (1813 ff.), *Deutsches Wörterbuch* (1852)

→ **Wilhelm Müller** (1794–1827): wegen seiner *Lieder der Griechen* auch Griechenmüller genannt, Gymnasiallehrer und Bibliothekar Wilhelm Müller.

2.7.3 SPÄTROMANTIK

| Zeitgeist | Der Gegensatz zwischen der Alltagsrealität und der literarischen Fantasiewelt ist nicht mehr zu überbrücken, das Aufkommen von Zeitproblemen nicht mehr zu verhindern. |

Repräsentanten und Werke:

→ **Adelbert von Chamisso** (1781–1838): stammte aus einer französischen Emigrantenfamilie, kämpfte gegen Frankreich und nahm an einer russischen Expedition rund um die Welt teil.
Werke: *Peter Schlemihls wundersame Geschichte* (Novelle, 1814)

Der goldne Topf → **Ernst Theodor Amadeus Hoffmann** (1776–1822): universal begabter Künstler und Jurist in preußischen Diensten, zwischendurch Musikdirektor in Bamberg, Leipzig und Dresden
Werke: *Der goldne Topf* (Novelle, 1814), *Das Fräulein von Scuderi* (Novelle, 1818), *Der Sandmann* (Novelle, 1816), *Lebensansichten des Kater Murr nebst fragmentarischer Biographie des Kapellmeisters Johannes Kreisler in zufälligen Makulaturblättern* (1819/21)

→ **Friedrich de la Motte-Fouqué** (1777–1843): stammte aus seiner französischen Emigrantenfamilie.
Werk: *Undine* (Kunstmärchen, 1811)

→ **Gustav Schwab** (1792–1850): Pfarrer, Gymnasialprofessor und Schriftsteller, zählte zum schwäbischen Dichterkreis.
Werk: *Die schönsten Sagen des klassischen Altertums* (1838 ff.)

→ **Ludwig Uhland** (1787–1862): zählte zum schwäbischen Dichterkreis, Idylliker; schrieb Balladen.

2.8 Die Restaurationsära (1815–1850)

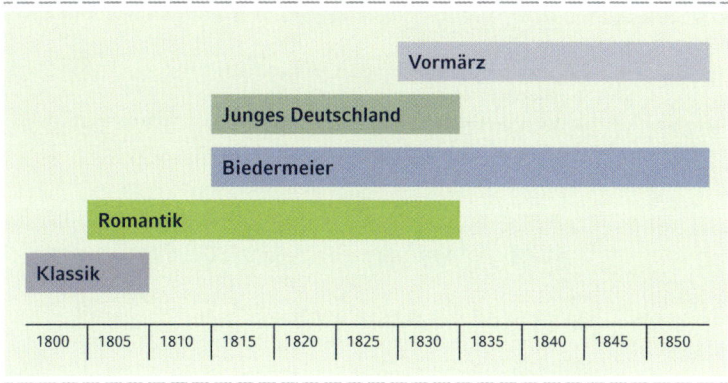

2.8.1 DAS BIEDERMEIER

Begriff	nach einer satirischen Figur: parodistische Bezeichnung für einen naiven Philister
Zeitgeist	Rückzug ins Private und Familiäre
Themen	Bescheidenheit, Mäßigung, Verzicht; Familie, Dorf, Natur
Stil	sachlich, melancholisch

Repräsentanten und Werke:

Die Judenbuche

→ **Annette von Droste-Hülshoff** (1797–1848): Westfälische Adelige von tiefer Religiosität; ihr Werk wird bestimmt von atmosphärisch stimmungsvoller Dichte und magischer Intensität.
Werk: *Die Judenbuche. Ein Sittengemälde aus dem gebirgichten Westfalen* (1842)

→ **Franz Grillparzer** (1791–1872): Jurastudium, Beamter im österreichischen Finanzministerium, später Hofarchivdirektor und Hoftheaterdichter; einer der bedeutendsten Dramatiker des 19. Jahrhunderts
Werke: *Weh dem, der lügt* (Lustspiel, 1838), *Der arme Spielmann* (Novelle, 1848)

→ **Eduard Mörike** (1804–1875): Pfarrer und Literaturlehrer am Stuttgarter Katharinenstift; einer der größten Lyriker und Erzähler des 19. Jahrhunderts
Werke: *Maler Nolten* (Roman, 1832), *Mozart auf der Reise nach Prag* (Novelle, 1856)

Der Nachsommer

→ **Adalbert Stifter** (1805–1868): Sohn eines Webermeisters; Jurastudium; erst Privatlehrer und dann Inspektor der Volksschulen in Oberösterreich; Suizid nach tiefen Depressionen in geistiger Umnachtung
Werke: *Brigitta* (Novelle, 1843), *Bunte Steine* (Novellensammlung, 1853), *Der Nachsommer* (Roman, 1857)

2.8.2 DAS JUNGE DEUTSCHLAND

Begriff	Junges Deutschland: Nach einem Ausspruch des Kieler Privatdozenten Ludolf Wienbarg aus dem Jahre 1834
Sozio-historische Situation	→ Pariser Julirevolution 1830 → Treffen auf der Wartburg (1817), Hambacher Fest (1832); Karlsbader Beschlüsse (1819)
Zeitgeist	Harmonisierung von Literatur und Politik
Themen	Liberalisierung: Presse- und Meinungsfreiheit, Emanzipation der Frau
Stil	Zweckprosa: feuilletonistischer Stil

Repräsentanten und Werke:

→ **Ludwig Börne** (1786–1837): Journalist, Literatur- und Theaterkritiker, Mitbegründer des Feuilletons
Werk: *Briefe aus Paris* (1831–33)

Deutschland. Ein Wintermärchen

→ **Heinrich Heine** (1797–1856): Sohn eines jüdischen Kaufmanns, konvertierte zum evangelischen Glauben, lebte nach Studium und Promotion seit 1831 als Journalist in Paris; seit 1848 wegen eines Rückenmarkleidens ans Krankenbett gefesselt.
Werke: *Reisebilder* (Prosa, 1826–1831), *Buch der Lieder* (Liedersammlung, 1827), *Deutschland. Ein Wintermärchen* (Versepos, 1844)

2.8.3 VORMÄRZ

Begriff	Vormärz: die Zeitspanne zwischen 1830 und 1848
Zeitgeist	revolutionär gestimmtes Aufbegehren gegen die Restauration
Themen	stark nationalistisch geprägte Themen
Stil	pathetisch, agitativ

Repräsentanten und Werke:

Der Hessische Landbote

→ **Georg Büchner** (1813–1837): studierte Medizin, Naturwissenschaften und Philosophie, gründete die „Gesellschaft der Menschenrechte", betätigte sich als agitativer Revolutionär, und starb als Privatdozent in Zürich.
Werke: *Der Hessische Landbote* (Flugschrift, 1834), *Lenz* (Novelle, 1835), *Dantons Tod. Dramatische Bilder aus Frankreichs Schreckensherrschaft* (Drama, 1835), *Woyzeck* (Dramenfragment, 1837)

→ **August Heinrich Hoffmann von Fallersleben** (1798–1874): Professor für deutsche Sprache und Literatur, Bibliothekar des Herzogs von Ratibor auf Schloss Corvey
Werk: *Das Lied der Deutschen* (1841)

→ **Ferdinand Freiligrath** (1810–1876): zunächst von Friedrich IV. von Preußen mit einer schriftstellerischen Pension bedacht, arbeitete später in London für eine Schweizer Bank.

→ **Christian Dietrich Grabbe** (1801–1836): Sohn eines Zuchthausbeamten, studierte Jura, wurde Advokat; als Dramatiker damals am Theater erfolglos, zählt er heute zu den originellsten und begabtesten Dramatikern.
Werke: *Scherz, Satire, Ironie und tiefere Bedeutung* (Lustspiel, 1822–27), *Napoleon oder Die hundert Tage* (Drama, 1829/30)

2.9 Realismus (1848–1898)

Begriff	→ Darstellungsweise mit hoher Wiedererkennbarkeit, Glaubwürdigkeit und Wahrscheinlichkeit
	→ Zeitspanne von der deutschen Revolution 1848 bis zum Sterbejahr Fontanes und Meyers 1898
	→ Auch: „Bürgerlicher Realismus" oder „Poetischer Realismus" (Ludwig)

Sozio-historische Situation	→ Aufstieg des Großbürgertums: Gründerjahre
	→ Preußens kontinentale Vormachtstellung durch drei gewonnene Kriege
	→ Einigung des Reichs, Kaiserwürde für Wilhelm I., Errichtung eines Militär- und Beamtenstaates
Zeitgeist	Ideal einer individuellen Persönlichkeit
Themen	Probleme der Gesellschaft: Alltag, Arbeit, menschliche Beziehungen
Stil	selektive und verklärte Darstellung der Wirklichkeit

Repräsentanten und Werke:

Effi Briest

→ **Theodor Fontane** (1819–1898): In der Mark Brandenburg geboren und von französischen Flüchtlingen abstammend, war er zunächst Apotheker, dann Journalist bei der Berliner „Preußischen Kreuzzeitung", ehe der knapp 60-Jährige begann, 15 Romane zu schreiben, in denen er die gesellschaftlichen Verhältnisse seiner Zeit in ihrer Gegensätzlichkeit beschrieb. Werke: *Effi Briest* (Roman, 1894/95), *Irrungen, Wirrungen* (Roman, 1888), *Frau Jenny Treibel oder „Wo sich Herz zum Herzen find't"* (Roman, 1892), *Der Stechlin* (Roman, 1897)

→ **Jeremias Gotthelf** (1797–1854): Pseudonym des Schweizer Schriftstellers und Pfarrers Albert Bitzius. Werke: *Die schwarze Spinne* (Novelle,1842), *Uli der Knecht, Uli der Pächter* (Doppelroman, 1846–1849)

→ **Friedrich Hebbel** (1813–1863): aus dem dänischen Holstein und ärmlichen Verhältnissen stammender Nordfriese, schuf sein Werk mit Unterstützung des dänischen Königs. Werk: *Maria Magdalena* (Drama, 1844)

→ **Gottfried Keller** (1819–1890): zeitweise Erster Staatsschreiber der Schweizer Regierung. Werke: *Romeo und Julia auf dem Dorfe* (Novelle, 1856), *Kleider machen Leute* (Novelle, 1874), *Der grüne Heinrich* (Roman, 1850-55, endgültige Fassung 1879/80)

→ **Conrad Ferdinand Meyer** (1825–1898): entstammte einer vornehmen Züricher Familie, studierte halbherzig Jura, mehrere gesundheitliche und psychische Krisen. Werke: *Das Amulett* (Novelle, 1873), *Die Versuchung des Pescara* (Novelle, 1887)

→ **Wilhelm Raabe** (1831–1910): abgebrochene Lehre als Buchhändler, freier Schriftsteller
Werke: *Chronik der Sperlingsgasse* (Roman, 1856), *Der Hungerpastor* (Roman, 1864), *Stopfkuchen. Eine See- und Mordgeschichte* (Roman, 1891)

Der Schim-
melreiter

→ **Theodor Storm** (1817–1888): Jurastudium, Rechtsanwalt in Husum, später dort Landvogt
Werke: *Immensee* (Novelle, 1850), *Der Schimmelreiter* (Novelle, 1888)

2.10 Naturalismus (1880–1900)

Begriff	ungeschönte Wiedergabe der Realität ohne stilistische Verfälschungen: Kunst = Natur – x (Arno Holz)
Sozio-historische Situation	→ Zeit des Imperialismus und Kolonialismus → Problem der „sozialen Frage"
Zeitgeist	Determiniertheit des Menschen durch soziale Gegebenheiten, Erbgut und Milieu
Themen	sozialkritische Themen, Bevorzugung des Hässlichen und Geringwertigen
Stil	Abbau an gattungsspezifischen stilistischen Mitteln, Betonung der Umgangssprache einschließlich Dialekt und Sprachfehlern

Repräsentanten und Werke:

→ **Ludwig Anzengruber** (1839–1889): bedeutender Dramatiker des österreichischen Volksstücks
Werk: *Der G'wissenswurm* (Komödie, 1874)

Bahnwärter
Thiel

→ **Gerhart Hauptmann** (1862–1946): Ausbildung als Landwirt, wollte erst Bildhauer, dann Schauspieler werden; 1912 Literaturnobelpreis, war als Präsident der Weimarer Republik im Gespräch, sprach sich später für den Nationalsozialismus und dann für die DDR-Doktrin Ulbrichts aus.
Werke: *Die Weber* (Drama, 1892), *Der Biberpelz* (Komödie, 1893), *Bahnwärter Thiel* (Novelle, 1888)

→ **Arno Holz** (1863–1929) und **Johannes Schlaf** (1862–1941)
Werke: *Papa Hamlet* (drei Novellen, 1889), *Die Familie Selicke* (Drama, 1890)

→ **Hermann Sudermann** (1857–1928): Sohn eines ostpreußischen Bauern und Bierbrauers, abgebrochene Apothekerlehre, Studium der Geschichte und Philosophie; Publizist
Werk: *Die Ehre* (Drama, 1889)

2.11 Die Jahrhundertwende (1890–1920)

Wie im Zeitalter der Aufklärung und zur Zeit der Restauration liegt um die Jahrhundertwende zwischen 1890 und 1920 ebenfalls eine Zeit vor, in der mehrere literarische Epochen nebeneinander Bestand haben. Allen diesen Strömungen gemeinsam sind die Abwendung vom Naturalismus, der zu diesem Zeitpunkt ausläuft, dieselbe sozio-historische Situation und Ähnlichkeiten im Zeitgeist. Es gibt keine endgültige und einheitliche Epocheneinteilung; viele Begriffe überschneiden sich inhaltlich; viele Autoren können sowohl der einen wie einer anderen Strömung zugeordnet werden.

Epochen der Jahrhundertwende

Expressionismus						
Heimatkunst						
Neuromantik						
Neuklassik						
Symbolismus						
Impressionismus						
Naturalismus						
1890	1895	1900	1905	1910	1915	1920

Sozio-historische Situation	→ Kaiserreich unter Wilhelm II. (1888–1918)
	→ Hochindustrialisierung und Wirtschaftswachstum im Inland
	→ Unruhen in den Kolonien (Boxeraufstand 1900, Herero-Aufstand 1904, Hottentottenaufstand 1904–1907, Maji-Maji-Aufstand 1906)
	→ zwei außenpolitische Bündnislager: Entente zwischen Großbritannien, Frankreich und Russland vs. Dreibund mit Deutschland, Österreich-Ungarn und Italien
	→ Wettrüsten der Flotten zwischen Großbritannien und Deutschland
	→ zwei Marokko-Krisen
	→ Erster Weltkrieg (1914–1918)
Zeitgeist	→ Unzufriedenheit der jüngeren Generation
	→ Rückkehr zu Klassik oder Romantik vs. neue Impulse aus Frankreich (Baudelaire, Rimbaud), England (Wilde), Amerika (Poe), Skandinavien (Ibsen und Strindberg) und Russland (Dostojewski)
	→ Pessimismus Arthur Schopenhauers, Kulturpessimismus Friedrich Nietzsches und pathetische Kulturideologie Richard Wagners
	→ Gefühl der *décadence* (Niedergang, Verfall) des Fin-de-Siècle, weltflüchtige Introspektion, skeptische Sprachsensibilität
	→ pessimistische Grundhaltung voller Lebensmüdigkeit und Endzeitstimmung vs. realitätsferner Kulturoptimismus, vitalisiertes Lebensgefühl, Vergötterung der Kunst *(l'art pour l'art)*, hemmungslose Verherrlichung des exotischen und erotischen Lebens *(femme fatale)*
	→ lebensreformerische Bewegung (Jugendbewegung)

2.11.1 DEKADENZDICHTUNG / FIN DE SIÈCLE

Zu den Gegenströmungen des Naturalismus zählte auch, ihn gleichsam auszublenden und stilistisch an der Tradition des Realismus wieder anzuknüpfen. Inhaltlich war man sich der Endphase des Jahrhunderts bewusst, setzte sie mit der der Lebensform und Kultur gleich und empfand einen gewissen Genuss am Untergang und Verfall.

Repräsentanten und Werke:

→ **Eduard Graf von Keyserling** (1855–1918): Sohn baltischer Adliger, Studium der Philosophie und Kunstgeschichte; Verwalter der mütterlichen Güter
Werk: *Wellen* (Roman, 1911)

Budden-
brooks

→ **Thomas Mann** (1875–1955): Sohn eines Lübecker Senators; Volontär einer Feuerversicherungsanstalt, Redakteur und freier Schriftsteller in München; Nobelpreis für Literatur 1929; 1933 Emigration über die Schweiz in die USA, wo er eine Zentralgestalt der Exilliteratur ist.
Werk: *Buddenbrooks. Verfall einer Familie* (Roman, 1901)

2.11.2 IMPRESSIONISMUS

Begriff	lat. *impressio* = Eindruck; nach Claude Monets 1885 in Paris ausgestelltem Bild *Impression – soleil levant* (Eindruck – Sonnenaufgang)
Themen	Stimmungen, flüchtige Eindrücke des Augenblicks
Stil	subjektive Darstellung sinnlicher Empfindungen

Repräsentanten und Werke:

→ **Max Dauthendey** (1867–1918): deutscher Dichter und Maler
→ **Richard Dehmel** (1863–1920): bedeutender Lyriker und Schriftsteller
→ **Detlev von Liliencron** (1844–1909): eigentlich Friedrich Adolf Axel Freiherr von Liliencron; Lyriker, Prosa- und Bühnenautor
→ **Rainer Maria Rilke** (1875–1926): Mystiker der Moderne; militärische Erziehungsanstalt, Studium der Philosophie sowie Kunst- und Literaturgeschichte, Reisen nach Frankreich, Italien und Russland; Mitglied des Worpsweder Kreises von Jugendstilkünstlern, wird Privatsekretär des Bildhauers Auguste Rodin in Paris, Rückzug in die Schweiz.
Werke: *Das Stunden-Buch* (Gedichte, 1905), *Die Aufzeichnungen des Malte Laurids Brigge* (Tagebuchroman, 1910)

Lieutnant
Gustl

→ **Arthur Schnitzler** (1862–1931): Sohn eines wohlhabenden Wiener Medizinprofessors; Facharzt für Nervenkrankheiten
Werke: *Der Reigen* (Dialoge, 1900), *Lieutenant Gustl* (Novelle, 1900)

2.11.3 SYMBOLISMUS / ÄSTHETIZISMUS

Begriff	von gr. *symbolon* = Zeichen, Wahrzeichen; nach der französischen Stilrichtung
Stil	Stilisierung, Sprachmagie, strenge ästhetische Gestaltung

Repräsentanten und Werke:

→ **Stefan George** (1868–1933): Sohn eines Winzers; Studium der Philosophie und Kunstgeschichte; Reisen durch ganz Europa, ohne festen Wohnsitz; Mittelpunkt des sogenannten George-Kreises mit kulthafter Persönlichkeitsverehrung
   Werk: *Das Jahr der Seele* (Gedichte, 1897)

Ein Brief (Chandos-Brief)

→ **Hugo von Hofmannsthal** (1874–1929): Sohn eines Wiener Bankbeamten; Habilitation über Victor Hugo, ausgiebige Reisen durch Europa; einer der letzten Zeugen der altösterreichischen Kultur
   Werke: *Ein Brief* (Chandos-Brief, 1902), *Jedermann. Spiel vom Sterben des reichen Mannes* (Drama, 1911), *Der Schwierige* (Lustspiel, 1921)

2.12 Expressionismus (1910–1925)

Die drei Phasen des Expressionismus

Früh-expressionismus	→ 1910 und 1914: pathetischer Enthusiasmus für eine Erneuerung der Welt
	→ in der Verwendung starker Emotionen dem Sturm und Drang und der Frühromantik vergleichbar
	→ bevorzugte Gattung: Lyrik
Kriegsphase	→ 1914–1918: Darstellung von Krieg und Revolution
	→ bevorzugte Gattung: Drama
Spät-expressionismus	→ 1918–1920: resignative Einsicht in das Scheitern aller Erneuerungsversuche

Begriff	1901 in Frankreich zur Kennzeichnung moderner Malerei erfunden und 1911 in Deutschland erstmals von Kurt Hiller auf die Literatur angewandt; kulturpolitische europäische Protestbewegung; andere Benennungen lauten: Futurismus, Kubismus und Surrealismus
Sozio-historische Situation	Krise im Deutsche Reich Wilhelms II.: Außenpolitisch isoliert als imperialistischer Aggressor (Marokkokrise, Kolonial- und Flottenpolitik, Agrarzölle), innenpolitisch unüberbrückbare Kluft zwischen dem Adel (der Verwaltung und Militär beherrschte), der neu entstandenen Industriearistokratie, dem wirtschaftlich erfolgreichen Bürgertum, dem Bildungsbürgertum (das humanistische Ideale verfolgte) und den kaisertreuen Provinzlern einerseits sowie dem durch die radikale Kapitalisierung lohnabhängig gewordenen Mittelstand und dem anwachsenden revolutionsbereiten Proletariat andererseits. Ende Juli 1914 begann der Erste Weltkrieg.
Zeitgeist	Hassvoller Protest gegen den aufgesetzten Machtpomp der staatlichen Organe und ihre angeberische Selbstdarstellung im Obrigkeitsstaat, den sozialen Zersetzungsprozess, die bigotte Verlogenheit der geltenden Normen
Stil	uneinheitlich
Strömungen	**melancholische Imagination** (Trakl, Stadler, Heym), **kosmische Naturpoesie** (Britting, Däubler), **visionäres Pathos** (Goll, Wolfenstein, Ehrenstein), **lakonische Montage** (Stramm), **Bürgerschreckpoesie** (Brecht, Benn, Klabund), **sozialistische Polemik** (Hermann-Neiße), **dadaistisches Experiment** (Arp, Ball, Schwitters)
Motivkreise	→ **Weltschmerz**: Apathie, Apokalypse, Leid, Melancholie, Schrecken, Traum, Trübsinn, Verfall, Weltende → **Großstadtlyrik**: Armut, Bordell, Dämmerung, Großstadt, Irrenhaus, Nacht, Vergänglichkeit → **politische Lyrik**: Aufbruch, Friede, Generationenkonflikt, Grauen, Revolution, Untergang, Krieg
Stilmittel	Alliterationen und Assonanzen, kräftige Bildlichkeit, Dämonisierung, dynamische Adjektive und Verben; Elemente des Grotesken, Rauschhaften, Zynischen; Ellipse, Extreme, Farbsymbolik, Hyperbel, Kontraste, kühne Metaphorik, Montage, Neologismus, Parallelismus, Personifizierung, Reihung, Satzfetzen, Schrei, Superlative, Synästhesie, negative Wortfelder, Worthäufungen, Wortspiel

Repräsentanten und Werke:

Morgue

→ **Gottfried Benn** (1886–1956): Sohn eines Pfarrers, Facharzt für Haut- und Geschlechtskrankheiten, Militärarzt in beiden Weltkriegen
Werke: *Morgue* (Gedichte, 1912), *Gehirne* und *Die Eroberung* (untypische Novellen, 1915)

→ **Alfred Döblin** (1878–1957): assimilierter jüdischer Schriftsteller und Psychiater, emigrierte 1933 über Frankreich in die USA, konvertierte zum Katholizismus, nach 1945 französischer Kulturoffizier in Deutschland.
Werk: *Die Ermordung einer Butterblume und andere Erzählungen* (Erzählungen, 1913)

→ **Georg Heym** (1887–1912): Sohn eines preußischen Staats- und Militäranwalts; Jurastudium; ertrank beim Eislauf in der Havel.
Werk: *Der ewige Tag* (Gedichte, 1911).

Die Verwandlung

→ **Franz Kafka** (1883–1924): Sohn eines jüdischen Kaufmanns in Prag, Promotion zum Dr. jur., Versicherungsangestellter, starb an Tuberkulose.
Werke: *Das Urteil* (Erzählung, 1913), *Die Verwandlung* (Erzählung, 1915), *Der Process* (Roman, posthum 1925)

→ **Georg Kaiser** (1878–1945): Sohn eines Kaufmanns, Buchhändlerlehre, erfolgreichster expressionistischer Dramatiker
Werk: *Die Bürger von Calais* (Drama, 1912/13)

→ **Carl Sternheim** (1878–1942): Bankierssohn, Studium der Philosophie, Geschichte und Literaturgeschichte, lebte als freier Schriftsteller in München.
Werke: *Die Hose* (Komödie, 1911), *Die Kassette* (Stück, 1911), *Bürger Schippel* (Stück, 1913), *Der Snob* (Stück, 1914)

Weitere Lyriker des Expressionismus:

Ernst Stadler (1883–1914), **Georg Trakl** (1887–1914), **Paul Boldt** (1885–1921), **Jakob van Hoddis** (eigentl. Hans Davidsohn, 1887–1942), **Else Lasker-Schüler** (1869–1945), **August Stramm** (1874–1915), **Alfred Wolfenstein** (1883–1945), **Johannes R. Becher** (1891–1958)

2.13 Literatur der Weimarer Republik (1918–1933)

Begriff	→ Die übergeordnete Epochenbezeichnung orientiert sich an der politischen Organisation Deutschlands zwischen 1918 und 1933. → Der Begriff „Neue Sachlichkeit" wendet sich gegen die emotionale Wucht des Expressionismus.
Sozio-historische Situation	→ Russische Revolution 1917 → Ende des I. Weltkriegs und der Monarchien 1918 → Hitlerputsch 1923, Weltwirtschaftskrise 1929
Zeitgeist	Vom Nihilismus stark beeinflusste Glaubens- und Wertunsicherheit, die für alle Ideologien und Sehnsüchte anfällig war.
Themen	Darstellung einer uneinheitlichen, widersprüchlichen Welt, die nur noch in simultanen Details erfasst werden kann, zu einer marxistisch orientierten Veränderung auffordert und sich besonders in den Nöten und Träumen der kleinen Leute spiegelt.
Stil	Stilvielfalt: traditionelle Literatur, Beginn des sozialistischen Realismus, Ende des Expressionismus im surrealistischen Dada, Literatur des Prager Kreises mit deutsch-tschechisch-jüdischem Akzent, satirisch-kabarettistische Texte, Neue Sachlichkeit

Repräsentanten und Werke:

→ **Bertolt Brecht** (1898–1956): einflussreicher Lyriker, Dramatiker und Librettist, erst Expressionist, dann Kommunist, ging nach 1945 nach Ostdeutschland.
Werke: *Die Dreigroschenoper* (Stück, 1928), *Die heilige Johanna der Schlachthöfe* (Drama, 1931)

→ **Elias Canetti** (1905–1994): Sohn einer jüdischen Kaufmannsfamilie, lebte in Bulgarien, Österreich, der Schweiz, England; Aphoristiker, Literaturnobelpreisträger 1981
Werk: *Die Blendung* (1936)

Berlin, Alexander-platz

→ **Alfred Döblin** (1878–1957): siehe Seite 61
Werk: *Berlin Alexanderplatz* (Roman, 1929)

→ **Hans Fallada** (eigentl. Rudolf Ditzen, 1893–1947): psychisch labil und drogenabhängig, wegen Unterschlagungen zweimal im Gefängnis
Werk: *Kleiner Mann, was nun?* (Roman, 1932)

→ **Hermann Hesse** (1877–1962): Sohn eines deutsch-baltischen Missionars; floh aus dem evangelischen Theologieseminar im Kloster Maulbronn, absolvierte eine Mechaniker- und Buchhändlerlehre und ließ sich später in der Schweiz nieder.
Werke: *Siddharta* (Erzählung, 1922), *Der Steppenwolf* (Roman, 1927)

→ **Erich Kästner** (1899–1947): studierte Geschichte und Deutsch, wurde Journalist, Theaterkritiker und zur NS-Zeit verboten.
Werke: *Herz auf Taille* (Lyrik, 1928), *Fabian. Die Geschichte eines Moralisten* (Roman, 1931)

→ **Mascha Kaléko** (1907–1975): Tochter eines jüdisch-russischen Kaufmanns, geboren in Österreich-Ungarn, später Lyrikerin der Neuen Sachlichkeit, 1938 Emigration in die USA
Werk: *Das lyrische Stenogrammheft* (Gedichte, 1933)

Das kunst-
seidene
Mädchen

→ **Irmgard Keun** (1905–1982): Kaufmannstochter, Ausbildung zur Stenotypistin, später Schauspielerin und Schriftstellerin, 1936 Exil
Werk: *Das kunstseidene Mädchen* (Roman, 1932)

→ **Heinrich Mann** (1871–1950): älterer Bruder von Thomas Mann, nach langem Italienaufenthalt in München ansässig, emigrierte über die Tschechoslowakei und Frankreich in die USA.
Werk: *Der Untertan* (Roman, 1918)

→ **Robert Musil** (1880–1942): österreichischer Beamtensohn, studierte Maschinenbau, Philosophie und Psychologie, war Bibliothekar, Offizier und freier Schriftsteller, ab 1938 Exil in der Schweiz.
Werk: *Der Mann ohne Eigenschaften* (Roman, 1930–43)

Im Westen
nichts Neues

→ **Erich Maria Remarque** (eigentlich Remark, 1898–1970): Sohn eines Buchbinders; Soldat an der Westfront, Volksschullehrer, dann freier Schriftsteller, emigrierte über die Schweiz in die USA.
Werk: *Im Westen nichts Neues* (Roman, 1928)

2.14 Literatur zur Zeit des Nationalsozialismus (1933–1945)

Begriff	NS-Literatur	ideologische Literatur des Faschismus
	Literatur der inneren Emigration	antifaschistische Literatur der in Deutschland verbleibenden und schreibenden Schriftsteller
	Exilliteratur	Literatur der aus politischen oder moralischen Gründen vor dem Faschismus ins Ausland geflohenen und dort schreibenden und veröffentlichenden Schriftsteller
Sozio-historische Situation	Hitlers NS-Staat vom 30.1.1933 (Machtergreifung bis zum 8.5.1945 (Ende des Zweiten Weltkriegs)	
Zeitgeist	ideologische Gleichschaltung von Politik, Gesellschaft und Kultur auf der Basis von Sozialdarwinismus, Rassenlehre und Antisemitismus	

2.14.1 NS-LITERATUR

Die Literatur im Dienste der völkischen Ideologie der Nationalsozialisten diente einerseits dem Führerkult, der völkischen Expansion und in der Form der „Blut-und-Boden-Dichtung" der Verherrlichung des Bauerntums, andererseits der Idealisierung der nordischen Rasse und eines bedingungslos kampf- und opferbereiten Helden- und Märtyrertums. Bauern-, Siedler- und Kriegsromane sowie Gemeinschafts- und Kampflieder wurden deshalb bevorzugt; in Frauenromanen wurde das Leitbild der deutschen Frau propagiert.

Repräsentanten und Werke:

Volk ohne Raum

→ **Hans Grimm** (1875–1959): *Volk ohne Raum* (Roman, 1926)

→ **Hanns Johst** (1890–1978): *Schlageter* (Drama, 1933)

→ **Kuni Tremel-Eggert** (1889–1957): *Barb. Roman einer deutschen Frau* (1933)

2.14.2 LITERATUR DER INNEREN EMIGRATION

Unter diesem von Frank Thieß geprägten Begriff ist die nicht-national-sozialistische Literatur zusammengefasst, die zur Zeit der NS-Diktatur in Deutschland geschrieben wurde. Die hier zu nennenden Autoren zogen sich letztlich ins öffentliche Schweigen und die private Innerlichkeit zurück. Viele der Autoren, die bereits die Neue Sachlichkeit ablehnten, setzten zudem die literarische Tradition von der Weimarer Republik bis zur Nachkriegszeit auf diese Weise fort

Repräsentanten und Werke:

Auf den Marmor-klippen

→ **Ernst Jünger** (1895–1998): Weltkriegsteilnehmer, Insektenkundler und Schriftsteller
Werk: *Auf den Marmorklippen* (Roman, 1939)
→ **Reinhold Schneider** (1903–1958): verbreitete wegen des Schreibver-bots viele seiner Schriften illegal und wurde als „Helfer Ungezählter inmitten der Barbarei" in der Nachkriegszeit mit mehreren Auszeich-nungen bedacht.
Werk: *Las Casas vor Karl V.* (Roman, 1938)
→ **Josef Weinheber** (1892–1945): einer der bedeutendsten öster-reichischen Dichter, der Lyrik in großer Formvollendung schuf.
Werk: *Adel und Untergang* (Gedichte, 1934)

2.14.3 EXILLITERATUR

Unter Exilliteratur wird die Literatur der aus politischen oder moralischen Gründen vor dem Faschismus ins Ausland geflohenen und dort schreiben-den und veröffentlichenden Schriftsteller verstanden. Der Begriff hat sich gegenüber dem der „Emigrantenliteratur" durchgesetzt. Mehr als 2000 Schriftsteller verließen nach 1933 Nazi-Deutschland. Zwei Grundhal-tungen lassen sich unter den Exilanten unterscheiden: Die einen sind bei ihrem Schreiben politisch motiviert und verfassen bewusst regimekritische Schriften, die anderen halten sich von der Tagespolitik weitgehend fern. Beiden Gruppen gemeinsam ist der Kampf mit den Exilbedingungen: das Arrangement mit der Fremde, der materielle Existenzkampf, der Verlust der heimatlichen Sprachumgebung und der potenziellen Leserschaft.

Repräsentanten und Werke:

→ **Bertolt Brecht** (1898–1956): siehe Seite 62
Werke: *Mutter Courage und ihre Kinder. Eine Chronik aus dem dreißigjährigen Krieg* (Stück, 1941), *Der gute Mensch von Sezuan. Ein Parabelstück* (1943), *Leben des Galilei* (1943)

Das siebte Kreuz

→ **Anna Seghers** (eigentlich Netty Radványi, 1900–1983): emigrierte als Mitglied der KPD über Frankreich nach Mexiko und kehrte 1947 in die DDR zurück.
Werke: *Das siebte Kreuz. Roman aus Hitlerdeutschland* (1942), *Transit* (Roman, 1944)

→ **Stefan Zweig** (1881–1942): ging über London nach Brasilien, wo er sich aus Verzweiflung über die politischen Verhältnisse das Leben nahm.
Werke: *Die Welt von Gestern* (Autobiografie, 1941), *Schachnovelle* (1941)

→ **Franz Werfel** (1890–1945): Verlagslektor in Leipzig, emigrierte über Frankreich in die USA; österreichischer Expressionist
Werk: *Der veruntreute Himmel* (1939)

Weitere Exil-Autoren:

Lion Feuchtwanger (1884–1958), **Oskar Maria Graf** (1894–1967), **Heinrich Mann** (1871–1950), **Thomas Mann** (1875–1955)

2.15 Trümmerliteratur in „Trizonesien" (1945–1949)

Begriff	Der Begriff „Trümmerliteratur", der sich auf die Situation in Deutschland bezieht, stammt von Heinrich Böll.
Sozio-historische Situation	→ Aufteilung des Deutschen Reiches in vier Besatzungszonen → Gründung der Bundesrepublik Deutschland und der Deutschen Demokratischen Republik 1949
Zeitgeist	Allgemeine Werteverunsicherung, Tendenz zum Nihilismus, Bewusstsein einer „Verratenen Generation"
Themen	Krieg, Verstrickung in Schuld und Verbrechen, Bestandsaufnahme der Gegenwart
Stil	nüchtern-konstatierend

Repräsentanten und Werke:

→ **Heinrich Böll** (1917–1985): entstammt einer kinderreichen, klein-
bürgerlichen und sehr katholischen Familie, Buchhändlerlehre,
Mitglied der Gruppe 47, einer der bedeutendsten Nachkriegsauto-
ren (Romane, Kurzgeschichten, Hörspiele, Essays, Übersetzungen),
Literaturnobelpreisträger von 1972
Werk: *Wanderer, kommst du nach Spa...* (Erzählungen, 1950)

Draußen vor
der Tür

→ **Wolfgang Borchert** (1921–1947): erst Buchhändler, dann Schauspieler,
brachte die Stimmungen und Empfindungen der Zeit am authen-
tischsten zur Sprache.
Werk: *Draußen vor der Tür. Ein Stück, das kein Theater spielen*
und kein Publikum sehen will (1947)

→ **Günter Eich** (1907–1972): Hörspielautor und Lyriker

→ **Carl Zuckmayer** (1896–1977): Offizier im I. Weltkrieg, dann Dramaturg
in Kiel, emigrierte aus Österreich in die USA und kehrte nach 1945 in
die Schweiz zurück.
Werk: *Des Teufels General* (Drama, 1946)

2.16 Die Literatur der Bundesrepublik (1949–1989)

2.16.1 DIE 1950ER JAHRE

Sozio-historische Situation	→ „Kalter Krieg", atomares Wettrüsten, Kuba-Krise (Oktober 1962) → Ära Konrad Adenauers (RZ 1949–1963): Wiederaufbau, „Wirtschaftswunder" → Mitglied der Westeuropäischen Union (1954), der NATO (1955) und der Europäischen Wirtschaftsgemeinschaft (1957) → Einführung der allgemeinen Wehrpflicht (1956)
Zeitgeist	Wiederherstellung der gesellschaftlichen Verhältnisse, ohne tiefgreifende und breite Aufarbeitung der Vergangenheit. Leiden und Folgen des Krieges werden vom wirtschaftlichen Aufschwung überdeckt: Aufschwung, Fortschritt und Wohlstand.
Themen	Aufarbeitung und Bewältigung der Vergangenheit, kritische Auseinandersetzung mit Gegenwartsproblemen: Wiederbewaffnung, Wiederaufrüstung, Eintritt in die NATO, moralischer Protest, künstlerische Autonomie

Repräsentanten und Werke:

→ **Alfred Andersch** (1914–1980): vor 1933 Funktionär der Kommunistischen Partei, desertierte 1944 zu den Amerikanern, war nach dem Krieg Rundfunkredakteur.
Werk: *Sansibar oder der letzte Grund* (Roman, 1957)

→ **Ingeborg Bachmann** (1926–1973): österreichische Lyrikerin und Prosaistin
Werk: *Die gestundete Zeit* (Gedichte, 1953)

→ **Heinrich Böll** (1917–1985): siehe Seite 67
Werke: *Und sagte kein einziges Wort* (Roman, 1953),
Billard um halbzehn (Roman, 1959)

→ **Paul Celan** (1920–1970): geboren im nordrumänischen Czernowitz als Sohn deutschsprachiger Juden, überlebte den Holocaust, und nahm sich 1970 vermutlich das Leben.
Werk: *Mohn und Gedächtnis* (Gedichte 1952)

Der Besuch der alten Dame

→ **Friedrich Dürrenmatt** (1921–1990): Schweizer Schriftsteller und Dramatiker
Werk: *Der Besuch der alten Dame* (Schauspiel, 1956)

→ **Max Frisch** (1911–1991): Schweizer Schriftsteller
Werke: *Homo faber* (Roman, 1957), *Biedermann und die Brandstifter. Ein Lehrstück ohne Lehre* (1958)

Die Blechtrommel

→ **Günter Grass** (1927–2015): Steinmetzlehre, Studium der Bildhauerei und Grafik, freier Schriftsteller, Nobelpreis für Literatur 1999
Werk: *Die Blechtrommel* (Roman, 1959)

→ **Uwe Johnson** (1934–1984): Germanistik-Studium in Rostock, Übersiedlung nach Westdeutschland
Werk: *Mutmassungen über Jakob* (Roman, 1959)

→ **Wolfgang Koeppen** (1906–1996): Verfasser der Roman-„Trilogie des Scheiterns"
Werke: *Tauben im Gras* (Roman, 1951), *Das Treibhaus* (Roman, 1953), *Der Tod in Rom* (Roman, 1954)

→ **Martin Walser** (geb. 1927): Angehöriger der Flakhelfergeneration, Verfasser von Roman und Erzählungen
Werk: *Ehen in Philippsburg* (Roman, 1957)

2.16.2 DIE 1960ER JAHRE

Sozio-historische Situation	→ Jahrzehnt von Unruhen, Veränderungen und Umbrüchen
	→ Flutkatastrophe an der deutschen Nordseeküste (1962), 1,3 Millionen DDR-Flüchtlinge
	→ „Vertrag über deutsch-französische Zusammen-arbeit" (1963), Staatsbesuch des US-Präsidenten John F. Kennedy (1963)
	→ Spiegel-Affäre (1962), Große Koalition unter Kurt Georg Kiesinger (1966), Protestdemonstrationen gegen den Schah-Besuch in Berlin, Tod Benno Ohnesorgs (1967), Attentat auf Rudi Dutschke, Streit um die Notstandsgesetzgebung (1968), Studentenunruhen in Frankfurt (1969)
Zeitgeist	Aufbegehren gegen unbewältigte Vergangenheit und unreflektiertes Wohlstandsdenken, Abkehr vom bürger-lichen Establishment, Hinwendung zu sozialer Verant-wortlichkeit. Ruf nach Reformen
Stil	Fortsetzung der moralischen Ermahnungen, Aufruf zu Verweigerung und Protest; Ende der Gruppe 47, Dortmunder **„Gruppe 61"** und **„Werkkreis Literatur der Arbeitswelt**; Dokumentartheater, politische Lyrik; knapper, präziser Stil und nüchterne Sprache; **„konkrete Poesie"**

Repräsentanten und Werke:

→ **Franz Josef Degenhardt** (1931–2011): Rechtsanwalt, Liedermacher, Schriftsteller
Werk: *Spiel nicht mit den Schmuddelkindern* (Lieder, 1965)

Die Physiker → **Friedrich Dürrenmatt** (1921–1990): Schweizer Schriftsteller
Werk: *Die Physiker* (Schauspiel, 1962)

→ **Erich Fried** (1921–1988): österreichischer Lyriker, Übersetzer und Essayist
Werk: *und Vietnam und* (Lyrik, 1966)

→ **Hans Magnus Enzensberger** (geb. 1929): Lyriker, Essayist
Werk: *landessprache* (1960)

→ **Günter Grass** (1927–2015): siehe Seite 68
Werk: *Katz und Maus* (Novelle, 1961)

→ **Eugen Gomringer** (geb. 1925): bolivianisch-schweizerischer Dichter, Mitbegründer der Konkreten Poesie
Werk: *33 konstellationen* (Lyrik, 1960)

→ **Max Frisch** (1911–1991): Schweizer Schriftsteller
Werk: *Andorra* (Stück, 1961)

→ **Peter Handke** (geb. 1942): österreichischer Schriftsteller und
Übersetzer, Literaturnobelpreis 2019
Werk: *Kaspar* (Stück, 1968)

→ **Rolf Hochhuth** (geb. 1931): Vertreter des Dokumentartheaters
Werk: *Der Stellvertreter. Ein christliches Trauerspiel* (Schauspiel, 1963)

→ **Uwe Johnson** (1934–1984): siehe Seite 68

Die Deutsch-   → **Siegfried Lenz** (1926–2014): Erzähler und Romancier
stunde   Werk: *Die Deutschstunde* (Roman, 1968)

→ **Martin Sperr** (1944–2002): Dramatiker und Schauspieler
Werk: *Jagdszenen aus Niederbayern* (Drama, 1966)

→ **Peter Weiss** (1916–1982): deutsch-schwedischer Autor und Maler
Werke: *Abschied von den Eltern* (autobiografische Erzählung, 1961),
Die Ermittlung. Oratorium in elf Gesängen (Stück, 1965)

2.16.3 DIE 1970ER JAHRE

Sozio-historische Situation	→ Kanzlerschaft Willy Brandts (1969), Ostpolitik der Versöhnung: Verträge mit der Sowjetunion, Polen, Transitabkommen mit der DDR (1971) und Grundlagenvertrag (1972)
	→ zwei Wirtschaftskrisen (1971 und 1973) mit Streiks, Preissteigerungen, Kurzarbeit und Entlassungen
	→ Ölkrise (1973); Terror der Baader-Meinhof-Bande bzw. RAF (1972–1975)
	→ „Guillaume-Affäre": Helmut Schmidt wird Kanzler (1974), steigende Arbeitslosigkeit (1975)
	→ 1979: Jahr der Weichenstellungen: Machtwechsel in China, Iran und Vatikan, Atomkatastrophe in Harrisburg (USA), Charney-Report zur Klimakrise, Aufkommen der „Grünen"
Zeitgeist	Tendenzwende in der gesellschaftlichen Einstellung: Distanz vom politischen Leben, skeptische Grundhaltung, Suche nach einer politisch und geschichtlich neuen Individualität
Themen	Rückzug in die Individualität: **„Neuer Subjektivismus"**, Überprüfung der Rolle der Frau, Betonung der Alltagserfahrungen

Repräsentanten und Werke:

→ **Heinrich Böll** (1917–1985): siehe Seite 67
 Werk: *Die verlorene Ehre der Katharina Blum oder: Wie Gewalt*
 entstehen und wohin sie führen kann (Erzählung, 1974)

Malina → **Ingeborg Bachmann** (1926–1973): siehe Seite 68
 Werk: *Malina* (Roman, 1971)

→ **Peter Schneider** (geb. 1940): Wortführer der Studentenbewegung,
 später Schriftsteller
 Werk: *Lenz* (Novelle, 1973)

→ **Botho Strauß** (geb. 1944): arbeitete zunächst als Journalist, später
 freier Schriftsteller.
 Werk: *Trilogie des Wiedersehens* (Drama, 1977)

Ein fliehendes → **Martin Walser** (geb. 1927): Kriegsgefangenschaft, Studium
Pferd und Promotion; Mitarbeiter beim Rundfunk, freier Schriftsteller,
 Gastprofessuren in den USA
 Werk: *Ein fliehendes Pferd* (Novelle, 1978)

2.16.4 DIE 1980ER JAHRE

Sozio-historische Situation	→ Stärkung des historische Bewusstseins
	→ Wachsen des ökologischen Bewusstseins: die „Grünen", Reaktorunglück von Tschernobyl (1986)
	→ Beginn der Ära des Helmut Kohls (1982–1998): Stagnation der Politik, Reformstau
	→ Reformprogramme Michail Gorbatschows (Perestroika, Glasnost): Wende in der Sowjetpolitik
	→ deutsche Wiedervereinigung 1990, Auflösungserscheinungen im ehemaligen Ostblock
Zeitgeist	Fortsetzung der Subjektivität, Fokus auf ungewöhnliche, grenzwertige bis abnorme Züge menschlicher Individualität

Repräsentanten und Werke:

→ **Thomas Bernhard** (1931–1989): österreichischer Schriftsteller
 Werk: *Heldenplatz* (Drama, 1988)

→ **Günter Grass** (1927–2015): siehe Seite 68
 Werk: *Die Rättin* (Roman, 1986)

→ **Ulla Hahn** (geb. 1945): Lyrikerin und Romanautorin
Werk: *Herz über Kopf* (Lyrik, 1981)
→ **Sten Nadolny** (geb. 1942): Schriftsteller
Werk: *Die Entdeckung der Langsamkeit* (Roman, 1983)

Das Parfüm   → **Patrick Süskind** (geb. 1949): Geschichtsstudium; freier Schriftsteller
und Drehbuchautor
Werk: *Das Parfüm* (Roman, 1985)

2.17 Literatur der DDR (1949–1989)

2.17.1 DIE PHASE DES AUFBAUS (1949–1961)

Sozio-historische Situation	→ Reform des Bodens, der Schule, der Justiz und der Industrie, Staatsgründung der DDR unter Pieck und Grotewohl (1949), Übernahme des stalinistischen Systems der UdSSR: Verstaatlichung des Privateigentums, Einführung einer zentralen Planwirtschaft, Kollektivierung der Landwirtschaft, Führungsrolle der SED unter Walter Ulbricht → Beitritt zum Warschauer Pakt, Gründung der Nationalen Volksarmee → Republikflucht strafbar, Mauerbau (1961)
Zeitgeist	→ Der „Sozialistische Realismus" als Kunstdoktrin → Niederschlagung des Aufstands vom 17. Juni 1953 wegen niedrigen Lebensstandards und harter Arbeitsbedingungen, gescheiterte Aufstände in Ungarn und Polen führen zu politischer Härte → sozialistische Arbeiterdichtung unter dem Motto **„Greif zur Feder, Kumpel": Bitterfelder Weg**.
Themen /Stil	Breites optimistisches Bild vom Sozialismus, in dem alle auftretenden Schwierigkeiten überwunden werden.

Repräsentanten und Werke:

Nackt unter Wölfen   → **Bruno Apitz** (1900–1979): als Kommunist KZ-Häftling, später Dramaturg, Journalist und freier Schriftsteller in der DDR
Werk: *Nackt unter Wölfen* (Roman, 1958)
→ **Heiner Müller** (1929–1995): Dramatiker
Werk: *Der Lohndrücker* (Drama, 1956)

2.17.2   DIE PHASE DER ANKUNFT (1961–1975)

Begriff	Die Bezeichnung folgt dem Titel des Kurzromans *Ankunft im Alltag*, den Brigitte Reimann (1933–1973) 1961 veröffentlichte und der die Erlebnisse dreier Abiturientinnen in einer Arbeiterbrigade schildert.
Sozio-historische Situation	→ Phase der Stabilisierung und Liberalisierung: Westreisen für Rentner → Hausarrest des Systemkritikers Robert Havemann, Berufsverbot gegen Wolf Biermann, Verfolgung der Sympathisanten des Prager Frühlings → neues ökonomisches System unter Erich Honecker → Transitabkommen (1971) und Grundlagenvertrag mit der BRD (1972), Aufnahme in die UNO (1973), Unterzeichnung der Schlussakte von Helsinki (1975)
Zeitgeist	Aufhebung aller künstlerischen Tabus und Abkehr vom sozialistischen Realismus; falsches Gefühl von Freiheit. Der Ruf nach politischen Veränderungen führt 1976 zur Ausbürgerung Wolf Biermanns.

Repräsentanten und Werke:

→ **Wolf Biermann** (geb. 1936): Liedermacher und Lyriker

→ **Hermann Kant** (1926–2016): einer der bekanntesten Schriftsteller und höchsten Parteifunktionäre der DDR
Werk: *Die Aula* (Roman, 1965)

→ **Ulrich Plenzdorf** (1934–2007): Drehbuchautor und Schriftsteller
Werk: *Die neuen Leiden des jungen W.* (Stück, Erzählung, 1972)

→ **Brigitte Reimann** (1933–1973): Schriftstellerin
Werk: *Franziska Linkerhand* (Roman, 1974)

Nachdenken über Christa T.

→ **Christa Wolf** (1929–2011): Hauptvertreterin des DDR-Romans, erst systemkonforme, dann systemkritische, aber bis zum Schluss systemüberzeugte Autorin
Werke: *Der geteilte Himmel* (Roman, 1963), *Nachdenken über Christa T.* (Roman, 1968)

2.17.3 DIE PHASE DER ABKEHR (1976–1989)

Sozio-historische Situation	Gegen die Ausbürgerung Biermanns protestierende DDR-Schriftstellern werden von der Stasi verfolgt, mehrere verlassen in der Folge das Land. Beibehaltung der Zensur, steigende Repressalien: intellektuelle Auszehrung der DDR durch Auswanderung
Zeitgeist	Wachsende Verschlechterung der wirtschaftlichen Situation, Widerstand der Bevölkerung durch Friedens-, Umwelt- und Menschenrechtsaktivisten, Montagsdemonstrationen von bis zu einer halben Million Menschen in Leipzig. Viele halten noch immer einen Fortbestand des Staates als sozialistische Alternative zur BRD für möglich.

Repräsentanten und Werke:

→ **Christoph Hein** (geb. 1944): Dramaturg und Autor an der Ostberliner Volksbühne
  Werk: *Die Ritter der Tafelrunde* (Drama, 1998)
→ **Günter de Bruyn** (geb. 1926): Schriftsteller
  Werk: *Märkische Forschungen* (Erzählung, 1978)
→ **Reiner Kunze** (geb. 1933): systemkritischer freier Schriftsteller, Dissident, wechselte 1977 in den Westen.
  Werk: *Die wunderbaren Jahre* (Prosatexte, 1976)
→ **Heiner Müller** (1929–1995): Dramatiker
  Werk: *Germania Tod in Berlin* (Schauspiel, 1971)
→ **Monika Maron** (geb. 1941): eigentl. Monika Eva Iglarz, Fräserin, Regieassistentin, Reporterin, freie Schriftstellerin, verließ die DDR 1988 und kehrte 1991 nach Berlin zurück.
  Werk: *Flugasche* (Roman, 1981)

Kassandra
→ **Christa Wolf** (1929–2011): siehe Seite 73
  Werk: *Kassandra* (Erzählung, 1983)

2.18   Literatur der Berliner Republik (ab 1989)

Sozio-historische Situation	→ Auflösung der UdSSR (1991), Zerfall des Ostblocks; Osterweiterung der **Europäischen Union:** seit 2014 28 Mitgliedsstaaten, steigender Egoismus
	→ Islamisierung des Nahen Ostens
	→ Terroranschläge: World Trade Center (11.9.2001)
	→ zunehmende Überwachung durch Geheimdienste
	→ Kriege in Afghanistan und dem Irak, Bürgerkriege im Libanon, Jemen und in Syrien.
	→ Ausbau der IT-Technik, wirtschaftliche Globalisierung, Monopolisierung des kapitalistischen Wirtschaftssystems
	→ Anwachsen der Kluft zwischen Arm und Reich, steigende Jugendarbeitslosigkeit und Migrationsproblematik
	→ Immobilienkrise in den USA, **Weltwirtschaftskrise** 2008/09, nachhaltige Verunsicherung in der Finanzwirtschaft
Zeitgeist	→ Wiedervereinigung: unerfüllte Hoffnungen auf Befreiung und Neustart, wirtschaftliche Ungerechtigkeiten, Behinderung des Angleichungsprozesses, mangelnde Identifikation, erhöhte Arbeitslosigkeit, Umsiedlungen und Rechtsradikalität
	→ Agenda 2010: steigende Beschäftigungszahlen, Verschärfung der sozialen Problematik durch Zuwanderungsstrom
	→ Schwinden des politischen Engagements, Flucht in virtuelle Welten oder Rückzug ins Familienleben (Cocooning)
	→ Anstieg von Existenzangst, Angst vor Kindes- und Altersarmut, skeptischer Pessimismus, Suche nach ideologisch radikalen Schnelllösungen: ignorante Passivität vs. gewaltbereite Radikalität
	→ neue Perspektiven durch zweisprachige Migranten: weltoffeneres, kosmopolitisches Klima
	→ Auflösung von Wertehierarchien, Suche nach geeigneten Lebensentwürfen

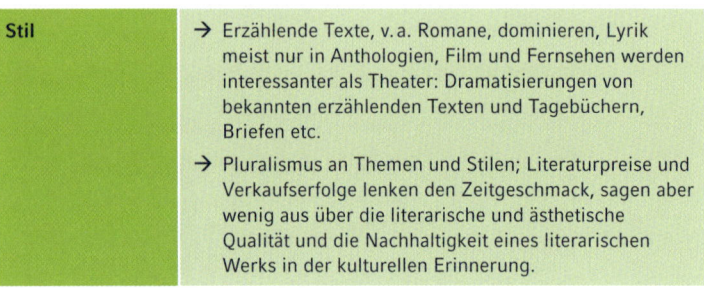

| **Stil** | → Erzählende Texte, v. a. Romane, dominieren, Lyrik meist nur in Anthologien, Film und Fernsehen werden interessanter als Theater: Dramatisierungen von bekannten erzählenden Texten und Tagebüchern, Briefen etc. |
| | → Pluralismus an Themen und Stilen; Literaturpreise und Verkaufserfolge lenken den Zeitgeschmack, sagen aber wenig aus über die literarische und ästhetische Qualität und die Nachhaltigkeit eines literarischen Werks in der kulturellen Erinnerung. |

Gegenwartsliteratur:

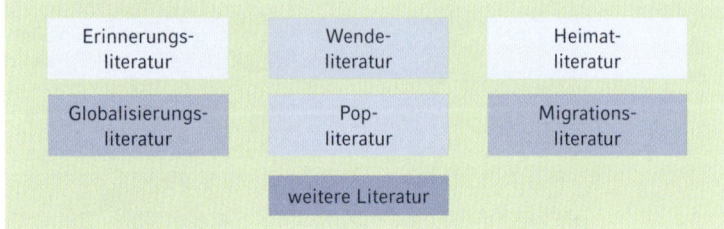

Erinnerungsliteratur Wendeliteratur Heimatliteratur

Globalisierungsliteratur Popliteratur Migrationsliteratur

weitere Literatur

2.18.1 WENDELITERATUR

Nach der Wiedervereinigung Deutschlands befasst man sich zunächst mit den Umständen und Folgen der sogenannten Wende (Wendeliteratur) und der Vergangenheit der DDR. Dazu zählen vor allem folgende Romane und Erzählungen, denen nicht selten ein Flair der „Ostalgie" (Nostalgie des Ostens) anhaftet.

Repräsentanten und Werke:

Helden wie wir

→ **Thomas Brussig** (geb. 1964): Schriftsteller und Drehbuchautor
Werk: *Helden wie wir* (Roman, 1995)

→ **Ingo Schulze** (geb. 1962): Armeedienst, Studium der Klassischen Philologie, Dramaturg in Altenburg, freier Schriftsteller in Berlin
Werk: *Simple Stories* (Episodenroman, 1998)

→ **Uwe Tellkamp** (geb. 1968): Wehrdienst in der Nationalen Volksarmee der DDR, wegen politischer Unzuverlässigkeit Verlust des Studienplatzes. Medizinstudium in Leipzig, New York und Dresden, Unfallchirurg, Schriftsteller
Werk: *Der Turm* (Roman, 2008)

2.18.2 ERINNERUNGSLITERATUR

Immer häufiger wird der Blick zu einer Art Bestandsaufnahme oder subjektiven Vergewisserung rückwärtsgewandt, als gelte es, ein kollektives Gedächtnis in einer Zeit zu schaffen, in der infolge des Aussterbens von Zeitzeugen der Strang der mündlichen Tradition abzureißen droht. Das gilt besonders für die Literatur, die sich mit der Kriegs- und Nachkriegszeit befasst.

Repräsentanten und Werke:

Im Krebsgang → **Günter Grass** (1927–2015): siehe Seite 68
Werk: *Im Krebsgang* (Novelle, 2002)

→ **Herta Müller** (geb. 1953): in Rumänien aufgewachsene deutschsprachige Autorin, Literaturnobelpreis 2009
Werk: *Atemschaukel* (2009)

→ **Bernhard Schlink** (geb. 1944): deutscher Jurist und Schriftsteller; Professor für ordentliches Recht in Bonn, Frankfurt und Berlin
Werk: *Der Vorleser* (Roman, 1995)

→ **W. G. Sebald** (1944–2001): Schriftsteller und Literaturwissenschaftler
Werke: *Die Ausgewanderten* (1992), *Austerlitz* (2001)

→ **Robert Seethaler** (geb. 1966): österreichischer Schriftsteller, Drehbuchautor und Schauspieler
Werk: *Der Trafikant* (Roman, 2013)

2.18.3 MIGRATIONSLITERATUR

Immer häufiger äußern sich Autoren, die außerhalb der deutschen Grenzen geboren sind oder außerdeutsche Wurzeln haben. Während die einen Deutsch schon als Muttersprache erworben haben, sind andere der deutschen Sprache erst später in Deutschland begegnet. Hier wird auch literarisch deutlich, dass Deutschland ein multikulturelles Land geworden ist.

Repräsentanten und Werke:

Russendisko → **Wladimir Kaminer** (geb. 1967): russisch-deutscher Schriftsteller und Kolumnist; Ausbildung zum Toningenieur für Theater und Rundfunk, Studium der Dramaturgie, Auswanderung in die DDR
Werk: *Russendisko* (halbbiografische Erzählungen, 2000)

→ **Terézia Mora** (geb. 1971): deutschsprachige ungarische Schriftstellerin; Studium der Hungarologie und Theaterwissenschaft, Ausbildung zur Drehbuchautorin
Werk: *Alle Tage* (Großstadtroman, 2004)

→ **Rafik Schami** (geb. 1946): eigentl. Suheil Fadél, syrisch-deutscher Schriftsteller; in Damaskus Studium der Mathematik, Chemie und Physik, 1970 Flucht über Libyen in die BRD
Werk: *Sami und der Wunsch nach Freiheit* (Jugendroman, 2017)

2.18.4 POPLITERATUR

Die Popliteratur ist geprägt von einem neuen, unbekümmerten und lesernahen Erzählstil, der sehr stark vom Journalismus beeinflusst ist, sich der aktuellen Popmusik und Jugendkultur verbunden fühlt und in seinem Realismus oft Tabus verletzt. Mit Mitteln der Gegenwart wird eine kritische Diagnose der eigenen Zeit versucht.

Repräsentanten und Werke:

→ **Judith Hermann** (geb. 1970): abgebrochenes Studium der Germanistik und Philosophie, Journalistenschule, Schriftstellerin
Werk: *Sommerhaus, später* (Erzählungen, 1998)

Faserland → **Christian Kracht** (geb. 1966): Schweizer Schriftsteller, Drehbuchautor und Journalist; wuchs in der Schweiz, USA, Kanada und Südfrankreich auf, berichtete aus mehreren asiatischen Ländern, lebt in Los Angeles.
Werk: *Faserland* (Roman, 1995)

→ **Benjamin von Stuckrad-Barre** (geb. 1975): Schriftsteller, Journalist, Moderator; bekennender, jetzt abstinenter Alkohol- und Kokainsüchtiger
Werk: *Soloalbum* (Roman, 1998)

2.18.5 GLOBALISIERUNGS- VS. HEIMATLITERATUR

Die wirtschaftliche und kommunikative Globalisierung ist auch vor der Literatur nicht stehen geblieben. Das spiegelt sich in der Reiseliteratur wider, die auf der Suche nach den letzten Reservaten der Ursprünglichkeit bevorzugt in unzivilisierte und neu zu entdeckende Landstriche der Erde führt, bzw. versucht, den Grundlagen und Voraussetzungen dieser Globalisierung nachzuspüren.

Repräsentanten und Werke:

Tschick

→ **Wolfgang Herrndorf** (1965–2013): deutscher Schriftsteller; studierte Malerei, arbeitete als Illustrator und Autor; beging wegen eines bösartigen Gehirntumors Suizid.
Werk: *Tschick* (Jugendroman, 2010)

→ **Daniel Kehlmann** (geb. 1975): Studium der Philosophie und Germanistik, Rezensent und Essayist verschiedener Zeitungen und Zeitschriften, Poetikdozenturen in Mainz, Wiesbaden und Göttingen
Werk: *Die Vermessung der Welt* (Roman, 2005)

Im Gegensatz dazu scheint der **moderne Heimatroman** zu stehen, der sich bewusst einer globalen Perspektive verschließt, um gerade im regionalen Raum die universellen Strukturen des Menschlichen umso deutlicher vor Augen heben zu können.

Repräsentanten und Werke:

→ **Dörte Hansen** (geb. 1964): Studium ausgefallener europäischer Sprachen, promovierte Linguistin, Schriftstellerin und Journalistin
Werk: *Mittagsstunde* (Roman, 2018)

→ **Saša Stanišić** (geb. 1978): gebürtiger Bosnier, seit 1992 in Deutschland, Studium in Heidelberg und am Deutschen Literaturinstitut Leipzig, Schriftsteller
Werk: *Vor dem Fest* (Roman, 2014)

Unterleuten

→ **Juli Zeh** (geb. 1974): Jurastudium, promovierte Europa- und Völkerrechtlerin, Verfassungsrichterin in Brandenburg, längere Aufenthalte in New York und Krakau.
Werk: *Unterleuten* (Roman, 2016)

2.18.6 WEITERE LITERATUR

Einige Erscheinungen auf dem Literaturmarkt waren sehr erfolgreich, obwohl sie keinem Trend richtig zugeordnet werden können:

Repräsentanten und Werke:

→ **Durs Grünbein** (geb. 1962): Lyriker, Essayist und Übersetzer; Studium der Theaterwissenschaft, freier Mitarbeiter verschiedener Zeitschriften, Reisen durch Europa, Südostasien und die USA
Werk: *Schädelbasislektion* (Gedichte, 1991)

Schlafes Bruder

→ **Robert Schneider** (geb. 1961): österreichischer Schriftsteller, arbeitete als Fremdenführer und Organist.
Werk: *Schlafes Bruder* (Roman, 1992)

→ **Urs Widmer** (1938–2014): Schweizer Schriftsteller und Übersetzer; studierte Germanistik, Romanistik und Geschichte; Verlagslektor, freier Schriftsteller, Kritiker und Dozent
Werk: *Top Dogs* (Schauspiel, 1996)

3. SPRACHE UND KOMMUNIKATION

Grundfragen

Wie bei jedem Begriff, den es phänomenal zu klären gilt, stellen sich verschiedene Grundfragen:

→ Wie kommt der Mensch zur Sprache?
Die Antwort darauf geben uns die Erkenntnisse zum **Spracherwerb**.

→ Woraus besteht Sprache, und wie ist sie aufgebaut?
Das führt zur **Zeichentheorie**, zum Zeichensystem und zur Beschreibung des **Sprachsystems**.

→ Wie funktioniert Sprache, wozu gebraucht man sie und was leistet sie?
Diese Frage wird von der **Kommunikationstheorie** und den Untersuchungen zur **Sprachentwicklung** behandelt.

Letztlich bleiben noch zwei Fragebereiche übrig, die sich auf einer Metaebene mit Sprache befassen:

→ Welchen Stellenwert besitzt Sprache im Rahmen unseres Erkenntnisvermögens?
Diese philosophische Frage beschäftigt sich mit dem **Verhältnis von Sprache, Denken und Wirklichkeit**.

→ Wo sind die Grenzen der Sprache, wie sehen sie aus, und gibt es auch Fehlentwicklungen der Sprache?
Das sind die Grundfragen, die von der **Sprachkritik** und der **Sprachskepsis** behandelt werden.

3.1. Sprachsystem

Jede Sprache kann über vier Ebenen erfasst und beschrieben werden:

Ebene	Erläuterung	Analysefunktion
phonetisch	Lautebene: Bedeutung der kleinsten bedeutungsunter-scheidenden Laute (nicht Buchstaben!: Schach = drei Laute)	Assonanz, Alliteration, Reim
semantisch	Wortebene: Bedeutung, die der Verwendung der gebrauchten Wörter zukommt	Neologismus, Wortfelder usw.
syntaktisch	Satzebene: Bedeutung, die der Art des Satzbaus zukommt	Aussage-, Frage-, Ausrufesatz; Parataxe, Hypotaxe, Ellipse; Anapher, Parallelismus, Epipher usw.
pragmatisch	Gebrauchsebene: Absicht und Wirkung einer Aussage	sprachliches Bild, Ironie usw.

3.2 Sprachebenen und Varietäten

Unter dem Begriff Sprachvarietäten versteht man die synchron nebenein-ander bestehenden, aber unterschiedlichen Erscheinungsformen einer Sprache, die man unter dem Begriff Sprachebenen wie folgt differenziert:

Sprach-ebene	Beschreibung	Verwendung
Gehobene Sprache Dichter-sprache	elitäre, gewählte Semantik	Kunststil oder kultureller Imponierstil: Literatur
Standard-sprache Allgemein-sprache Hoch-sprache	überregional, mit semantischer, orthografischer und grammatischer Reglementierung vor allem bei der schriftlichen Kommunikation	Normsprache der sozial und kulturell herrschen-den Oberschicht: Kommunikationsmedien

Sprach-ebene	Beschreibung	Verwendung
Umgangs-sprache	ungezwungene, mündlich allgemein benutzte Alltagssprache	Normalbürger
Regional-sprache	regional mundartlich gefärbte mündliche Umgangssprache	Identifikation und Gemeinschaft stiftende Sprache, z. B. Ruhrgebietssprache
Gemein-sprache Vulgär-sprache	im Vokabular meist derbe, grammatikalisch oft restringierte mündliche Sprachverwendung in oft diskriminierender Absicht	Emotionsausgleich; z. T. auch soziale Unterschicht
Mundart	regional traditionell verwendete alte Sprachform mit meist eigener Semantik und Grammatik	kulturelle Tradition, z. B. Friesisch, Kölsch, Niederdeutsch (Platt-deutsch), Bayerisch
Fach-sprache	wissenschaftliche Sprache mit fach-lich besonders differenzierter, oft fremdsprachlicher Begrifflichkeit: „Fachchinesisch"	differenzierte Spezial-verständigung, z. B. Sprache der Medizin, Psychologie etc.
Ethnolekt	spezielle Sprachverwendung einer fremden ethnischen Gruppe	Migrations- und Ghettosprache, z. B. „Kanaksprach"
Soziolekt Jargon	Sprachvorlieben einer sozialen Gruppe im Rahmen der Hochspra-che: Jugendsprache, geschlechts-spezifische Sprachverwendung	Mittel der sozialen Distanzierung und Gemeinschaftsbildung, z. B. Männersprache, Frauensprache, Jugendsprache
Idiolekt	individuelle Sprachverwendung	

3.3 Sprachtheorien

Theorie	Erklärung	Vertreter
Monistische Theorien	Sprache und Denken sind eins.	J. G. Herder, M. Müller, F. Mauthner, G. Lukács
Dualistische Theorien	**Dominanztheorien:** → Denkdominanz (kognitionstheoretischer Ansatz): Das Denken (Kategorien) beeinflusst Wahrnehmung und Sprache.	J. Piaget, N. Chomsky
	→ Sprachdominanz (linguistischer Ansatz): Die Sprache beeinflusst Wahrnehmung und Denken (Linguistisches Relativitätsprinzip).	W. v. Humboldt, J. B. Watson, B. L. Whorf, E. Sapir
	Interdependenztheorie (neurolinguistischer Ansatz): Sprache und Denken stehen in einem Wechselverhältnis.	G. Patzig, L. S. Wygotski, D. Spanhel, A. Schaff

3.4 Sprachkritik, Sprachskepsis, Sprachnot

Begriffs-
unter-
scheidung

Unter **Sprachkritik** versteht man im Allgemeinen die wertende Auseinandersetzung mit der geltenden Norm und der aktuellen Verwendung einer Sprache. Ein aktuelles Beispiel dafür wäre die bis heute anhaltende Kritik an der Einführung einer neuen deutschen Sprachnorm durch die Rechtschreibreform zwischen 1996 und 2006. In der Regel beziehen sich sprachkritische Äußerungen und Veröffentlichungen auf die Veränderungen, Tendenzen und Auffälligkeiten im aktuellen Sprachgebrauch und alle Formen der Sprachlenkung, die das Denken und die Einstellung der Sprachteilnehmer beeinflussen sollen und die meist politisch motiviert sind.

Sprachskepsis ist kein wissenschaftlicher Terminus, sondern ein literarhistorischer und bezeichnet die am Ende des 19. Jahrhunderts aufkommenden Formen des Zweifels an der Leistungsfähigkeit der Sprache. Daraus erwuchs auch die Sprachnot.

Sprachnot ist ebenfalls kein linguistischer Begriff. Er bezieht sich wie der Begriff Sprachskepsis auf eine besondere sprachkritische und literarische Situation zu Ende des 19. Jahrhunderts, in der Autoren ein Problem darin sahen, ihrer individuellen Sicht der Wirklichkeit und ihren vermeintlich neu-artigen Gedanken mittels einer allgemeinen, verbrauchten, konventionellen und in ihren Nuancen bereits belasteten Sprache angemessenen Ausdruck verleihen zu können (z. B. Chandos-Brief von Hugo von Hofmannsthal, 1902).

4. AUFGABENARTEN

4.1 Die Textbeschreibung

Textsorte
entscheidend

Eine Textbeschreibung erfolgt immer nach Maßgabe der vorgelegten Textsorte. Bei einem **Sachtext** wird die Darstellung der äußerlichen Erscheinung der Textgestalt (Anzahl der Sinnabschnitte) ausreichen. Inhaltlich sollte neben die Inhaltsangabe die kurzgefasste Angabe des Themas oder Problems treten.

Bei einem **Drama** wird man den vorgelegten Auszug in den Dramenzusammenhang einordnen, den Inhalt der Szene zusammenfassen, die am Szenenausschnitt und Gespräch beteiligten Figuren benennen und auch die verwendeten Gesprächsformen sowie das jeweilige Gesprächsverhalten bestimmen. Diese beiden letzten Angaben überschreiten bereits die Ebene der Reproduktion und sind Analyseergebnisse.

Bei **narrativen Texten** spielt neben der vielleicht notwendigen Einordnung des Textauszuges in den Gesamtzusammenhang der Erzählung und seiner inhaltlichen Wiedergabe die Darstellung der im Text in Erscheinung tretenden Erzählformen und Darbietungsformen des Erzählens eine Rolle. Auch diese beiden Elemente sind bereits dem Anforderungsbereich „Analyse" zuzuordnen.

Wird ein **Gedicht** zur Erarbeitung vorgelegt, orientiert sich die Beschreibung der äußeren Gedichtform nicht nur an der Anzahl der Strophen, sondern umfasst auch Aussagen zur vorliegenden Gedichtform, zur gewählten Strophenform, zu Metrum, Vers, Reim und Kadenz.

Auch diese Aussagen sind nicht möglich, ohne einen Wissenstransfer auf den unbekannten Text. Hinzu treten noch die Angabe des im Text behandelten Themas oder Problems und die Inhaltsangabe. Da auch diese beiden Anforderungen in der Lyrik manchmal nicht einfach sind, ist bei vielen Schülerinnen und Schülern die Wahl einer Aufgabenstellung zur Lyrik nicht sonderlich beliebt.

4.2 Die Analyse von Texten

Bausteine der Analyse

Die Analyse eines Textes ist ein Untersuchungsverfahren, bei dem man Erscheinungen eines Textes auf allgemein anerkannte, meist fachwissenschaftliche Fakten zurückführt. Die Ergebnisse einer Analyse sind demnach überprüfbar und mit richtig oder falsch beurteilbar. Bei der Textuntersuchung lassen sich verschiedene Bausteine unterscheiden:

DIE LOGISCH-ARGUMENTATIVE ANALYSE

Literarische Texte sind nur selten logisch-argumentativ aufgebaut. Man findet diese Struktur noch am ehesten im dramatischen Monolog oder Dialog. Auch in der Lyrik und in narrativen Texten kann diese Textstruktur zu Grunde liegen; das kommt aber sehr selten vor.

Die Analyse hat das Ziel, den Gedankengang der Argumentation zu erschließen, um ihn mit den Fachbegriffen wie These, Argument, Begründung, Beispiel etc. beschreiben zu können. Dabei liefern häufig Konjunktionen und einleitende Partikel wertvolle Signale.

DIE SPRACHLICHE ANALYSE

Oft ist ein Text erst dann voll verständlich, wenn man die im Text verwendete Sprache genau untersucht hat. Das gilt in steigendem Maße für erzählende, dramatische und vor allem lyrische Texte. Die Analyse sollte dann den Sprachebenen folgen und Nachstehendes untersuchen:

Phonetische Ebene	Auffälligkeiten der Lautung: Assonanzen, Alliterationen, Lautmalerei
Semantische Ebene	Auffälligkeiten der Lexeme: Neologismen, Wortfelder, Fremdwörter, Wörter bestimmter Sprachvarietäten
Syntaktische Ebene	Auffälligkeiten im Satzbau: Dominanz von Satzarten (Satzzeichen beachten!), Parataxe vs. Hypotaxe, Kurzsätze, Parallelismen, Anaphern oder Epiphern, Ellipsen
Pragmatische Ebene	Bildlichkeit: Chiffren, Symbole, Metaphern, Vergleiche; rhetorische Figuren

Das Auffinden und Benennen solcher sprachlichen Auffälligkeiten allein bleibt jedoch wertlos, wenn man ihnen keine Funktion zuordnen kann. Erst mit der Erkenntnis der jeweiligen Funktion bildet sich das Verständnis des Textes.

DIE INHALTLICHE ANALYSE

Eräuterungs-
bedarf

Zunächst scheint es überflüssig, der Inhaltsangabe eines Textes eine inhaltliche Analyse folgen zu lassen. Aber nicht selten bedürfen Passagen des Textes einer Erläuterung, die entweder ihre Aussage konkretisiert oder aber z. B. den Standpunkt erläutert, von dem aus die in Frage stehende Aussage getroffen worden ist. Das gilt insbesondere bei ideologisch vorbelasteten Termini oder der Darstellung von Zusammenhängen, die weltanschaulich gefärbt sind.

4.3 Die Interpretation von Texten

Abgrenzung
von Analyse

Im Gegensatz zur Analyse ist jede Interpretation, also jede Deutung, grundsätzlich subjektiv und damit bestreitbar, weil sie lediglich die individuelle Auffassung eines Textes wiedergibt. Sie gewinnt erst in dem Maße an Überzeugung, in dem es gelingt, so viele Facetten des Textes wie möglich so überzeugend in ein Deutungskonzept einzubinden, dass möglichst wenig argumentativer Spielraum für eine ablehnende oder andersartige Deutung bleibt.

In der Regel sind aber vor allem literarische Texte nicht monostrukturiert aufgebaut, dass sich ihr vollständiges Verständnis mit allein einem einzigen dominanten Aspekt erschließen ließe. Zumeist bleiben immer Textpassagen als Reste übrig, die sich diesem dominanten Aspekt nicht zuordnen lassen. Die nicht unter einer Generalthese subsumierbaren Untersuchungsergebnisse sind dann dahingehend zu betrachten, inwieweit sie sich als Unteraspekte anderweitig zusammenfassen lassen und in welchem Verhältnis sie zum dominanten Aspekt zu sehen sind. Es empfiehlt sich daher, erst sehr spät, nämlich nach Abschluss aller Analysen, einen Interpretationsansatz zu entwickeln. Der kann dann alle, zumindest aber möglichst viele Analyseergebnisse berücksichtigen und derartig auf einem sehr breiten, überprüfbaren Fundament an Textfakten aufbauen.

Literatur-
wissen-
schaftliche
Methoden

An das Verständnis eines jeden Textes kann man zudem mit einem Bündel an Fragestellungen herangehen, die eine möglichst breite Palette an denkbaren Aspekten abdeckt. Diese Aspekte entsprechen nicht selten einer bestimmten Wissenschaft. Die nachfolgende Liste an Aspekten ist weder systematisch noch vollständig, sondern soll erhellen, in welcher Form und unter welchen Aspekten Deutungsergebnisse zusammengefasst werden könnten:

→ **Biografischer Aspekt**: Was trägt der Text zum Verständnis des Autors bei bzw. inwieweit wird der Text durch die Biografie des Autors verständlich(er)?

→ **Textsortentheoretischer Ansatz**: Inwieweit entspricht der Text der Textsorte, der er zugeordnet werden muss? Welche Besonderheiten oder Abweichungen sind erkennbar und haben welche Funktion?

→ **Ästhetischer Aspekt**: Inwieweit wird der Text von ästhetischen Grundsätzen (Proportionen, Kontraste, Gruppierungen, Wiederholungen etc.) bestimmt? In welchem Verhältnis stehen Inhalt, Form, Struktur und sprachliche Gestaltung zueinander?

→ **Historischer Aspekt**: Inwieweit ist der Text von Zuständen, Ereignissen oder Personen der Geschichte beeinflusst bzw. nimmt seinerseits dazu Stellung?

→ **Soziologischer Aspekt**: Inwieweit geht der Text auf gesellschaftliche Probleme ein, sei es der sozialen Schichtung, der Machtverhältnisse oder der Zustände innerhalb der sozialen Schichten?

→ **Gender-Aspekt**: Wie zeichnet der Text das Verhältnis der Geschlechter zueinander; entspricht er diesbezüglich der abgebildeten Zeit?

→ **Kommunikationstheoretischer Aspekt**: Welche Kommunikationsbesonderheiten zeigen die Figuren des Textes; wie sind sie begründet und zu verstehen?

→ **Psychologischer Aspekt**: Inwieweit wird das Handeln der Figuren psychologisch begründet? Welche Seelenlagen, die evtl. zu Konflikten führen, werden dargestellt?

→ **Philosophischer Aspekt**: Auf welche historische oder zeitgenössische Denkweise geht der Text ein und inwieweit beeinflusst sie das Gesamtkonzept des Textes oder das Verhalten der Figuren?

→ **Literarhistorischer Aspekt**: Welcher literarhistorischen Epoche lässt sich der Text zuordnen; inwieweit ist er von den literarischen Strömungen beeinflusst oder entspricht ihnen?

→ **Rezeptionsästhetischer Ansatz**: In welcher Weise wird/wurde der Text von der Leserschaft aufgenommen und verstanden bzw. welche Bemühungen sind im Text erkennbar, diese Aufnahme zu beeinflussen?

4.4 Erörterung und Argumentation

Unter einer Erörterung versteht man die argumentative Auseinandersetzung mit einem Thema oder Problem, das zumeist in Form eines bestimmten Statements oder einer im Text entfalteten Position dargeboten wird. Es gilt, unter Benutzung eigener Argumente und der begründeten Abwehr möglicher Gegenargumente den potenziellen Leser von der eigenen Position zu überzeugen. Diese eigene Position ist deutlich und erkennbar zu formulieren und muss sich prinzipiell nicht von der im Text oder Statement vertretenen unterscheiden.

Mindmap als Werkzeug

Es kommt im Wesentlichen darauf an, die Bausteine der Argumentation wie These, Argument, Begründung, Beispiel sinnvoll, zielorientiert und effektiv zu verwenden. Dazu sollte man darin geübt sein, neben der Klärung von Problemkontext und Begriffen in Form einer Mindmap zu eigenen Argumenten zu finden.

Bei der Erstellung der Mindmap können die Aspekte einer Interpretation durchaus hilfreiche, erschließende Fragestellungen liefern. Nach Abschluss der inhaltlichen Argumenterstellung und deren Ordnung ist sodann der Aufbau der Erörterung festzulegen. Grob und grundsätzlich lassen sich drei Argumentationsmodelle unterscheiden:

Lineares Verfahren	Einleitung – These – Begründung (ggf. mehrgliedrig) – Widerlegung möglicher Nachteile – Darlegung der Vorteile und positiven Konsequenzen / Schluss
Dialektisches Verfahren	Einleitung – Antithese – Begründungen der Antithese – Widerlegung der Begründungen – These – Begründungen der These – Zurückweisung möglicher Einwände – Fazit: Wiederholung der These / Schluss
Antithetisches Verfahren	Einleitung – Antithese 1 – Widerlegung ihrer Begründung – These 1 – Begründung – Antithese 2 – Widerlegung ihrer Begründung – These 2 – Begründung – etc. – Zusammenfassung / Schluss

4.5 Textbezogene Aufgabenarten

Die Kultusministerkonferenz hat vier Grundmuster an textbezogenen Aufgabenarten zur Anwendung festgelegt:

Textbezogenes Schreiben	
→ Interpretation literarischer Texte	→ Analyse pragmatischer Texte
→ Erörterung literarischer Texte	→ Erörterung pragmatischer Texte

4.5.1 INTERPRETATION LITERARISCHER TEXTE

Hier sind literarische Texte in Inhalt, Aufbau und sprachlicher Gestaltung zu analysieren und in ihren Bezügen und Abhängigkeiten zu erläutern und zu deuten. Dabei kann auch auf literarhistorische und gattungspoetische Kenntnisse zurückgegriffen und zu einer argumentativen Auseinandersetzung aufgefordert werden.

4.5.2 ANALYSE PRAGMATISCHER TEXTE

Es gilt, Sachtexte, die sich möglichst auf Unterrichtsinhalte beziehen, in Kernaussage, Inhalt, Struktur und sprachlicher Gestaltung so zu beschreiben, dass die Argumentationsstrategie und Intention des Textes deutlich werden.

4.5.3 ERÖRTERUNG LITERARISCHER TEXTE

Aufbauend auf den Ergebnissen von Analyse und Interpretation eines gegebenen Textes soll der Prüfling sich mit Fragen der literarhistorischen Einordnung, der Rezeption und Wertung literarischer Texte auseinandersetzen.

4.5.4 ERÖRTERUNG PRAGMATISCHER TEXTE

Nach einer eingeschränkten Textanalyse soll im Bezug zu der in einem Sachtext vertretenen Meinung oder Position eine Argumentation entwickelt werden, die die eigenen Voraussetzungen reflektiert und eine eigene strukturiert entfaltete und begründete Stellungnahme zum Schwerpunkt hat.

4.6 Materialgestützte Aufgabenarten

Materialgestütztes Schreiben	
→ Materialgestütztes Verfassen informierender Texte	→ Materialgestütztes Verfassen argumentierender Texte

4.6.1 MATERIALGESTÜTZTES VERFASSEN INFORMIERENDER TEXTE

Unter Ausnutzung vorgegebener Materialien, seien es Texte, Tabellen, Grafiken oder Diagramme, und eigenen Wissens soll eine bestimmte Leserschaft über die wesentlichen Aspekte eines Sachverhalts adressatenbezogen und zielorientiert informiert werden.

4.6.2 MATERIALGESTÜTZTES VERFASSEN ARGUMENTATIVER TEXTE

Auf der Grundlage vorgegebener Materialien, eigener Analysen, Untersuchungen und Wissensbestände soll der Prüfling zu einem strittigen Sachverhalt eine differenzierte Argumentation entwickeln, die aufgrund ihrer zur Anwendung gebrachten Strukturen geeignet ist, einen bestimmten Adressatenkreis von der eigenen Position zu überzeugen oder diese zumindest nachvollziehbar zu machen.

5. TIPPS ZU DEN PRÜFUNGEN

5.1 Schriftliche Prüfung

Regelmäßiges Lernen als beste Vorbereitung

Die beste Vorbereitung auf die Abiturprüfung besteht in der regelmäßigen und nachhaltigen Arbeit während der Qualifikationsphase. Das besagt, dass man

→ die im Unterricht behandelten Lektüren auch wirklich als Ganzschriften liest und sich nicht mit zweifelhaften Inhaltsangaben begnügt,

→ dem Unterricht aufmerksam und mitarbeitend folgt, um die vermittelten oder erarbeiteten Inhalte korrekt aufnehmen zu können,

→ diese Inhalte protokollarisch sauber und übersichtlich festhält, auch wenn es nicht ausdrücklich gefordert wird,

→ diese eigenen Protokolle nacharbeitet, indem man sie auf Vollständigkeit und Plausibilität überprüft, damit sie auch zu einem späteren Zeitpunkt noch verlässliche Erinnerungsstützen sind,

→ sich sofort um Klärung und Ergänzung kümmern sollte, falls man die eigenen Ausführungen nicht mehr versteht,

→ jede Möglichkeit nutzen sollte, seine eigene Arbeitsweise und seine eigenen Arbeitsergebnisse überprüfen und ggf. korrigieren zu lassen,

→ sorgfältig einen vollständigen Ordner führen sollte, der es später erlaubt, alle Phasen des Lernens nachzuvollziehen,

→ spätestens nach Abschluss einer unterrichtlichen Sequenz, in der ein Thema oder literarisches Werk behandelt wurde, ein abschließendes Ergebnisprotokoll erstellt, indem man aus seinen Unterlagen die wichtigsten Daten und Ergebnisse exzerpiert und zu einer Schnellübersicht zusammenstellt. Das stützt schon die Vorbereitung auf die Klausur, erst recht diejenige auf die Abiturprüfung.

Die persönliche Ausrüstung

Sorgen Sie am Prüfungstage für eine angemessene persönliche Ausrüstung. Das betrifft sowohl die schreibtechnischen Materialien als auch geeignete Getränke und leicht verdaulichen Esswaren. Was Sie auf gar keinen Fall benötigen ist Ihr Handy oder Smartphone.

Beachten Sie genau die gestellte Aufgabe, vor allem die darin enthaltenen Operatoren. Wenn Sie Ihre Aufgabe ausgewählt haben, nutzen Sie in der Phase der Texterarbeitung die Blattränder zu geordneten Bemerkungen und bezifferten Fußnoten. Kennzeichnen Sie gleichartige Textstellen und Analyseergebnisse mit der gleichen Markerfarbe. Erstellen Sie vor der Niederschrift eine Gliederungsskizze und ersparen Sie sich jedes Vorschreiben. Lesen Sie Ihre Arbeit zum Schluss Korrektur.

5.2 Mündliche Prüfung

Kontrolliert, langsam, deutlich

Denken Sie bei der Vorbereitung an Ihre Spezialthemen (Referate, Hausarbeiten etc.); Prüfer greifen gerne darauf zurück. Bitten Sie die Fachlehrkraft, im Unterricht zuvor Prüfungen mit den Prüfungskandidaten zu simulieren. So lernen Prüfer und Prüflinge, besser aufeinander zu reagieren. Erarbeiten Sie den vorgelegten Text wie bei einer Klausur. Nehmen Sie während der Prüfung die Position eines Nachrichtensprechers ein, das verschafft Konzentration und Kraft. Wiederholen Sie die Aufgabenstellung, tragen Sie Gedichte vor. Beginnen Sie mit einem gegliederten Überblick über Ihre Arbeitsergebnisse. Sprechen Sie bei Ihrem Vortrag kontrolliert, langsam und deutlich. Lesen Sie Ihre Erarbeitungen nicht vom Blatt ab, sondern tragen Sie frei vor. Blicken Sie dem Prüfer auf die Nasenwurzel und reagieren Sie auf seine Bemerkungen. Hüten Sie sich vor Überheblichkeiten. Bekennen Sie sich im Prüfungsgespräch zu Ihren etwaigen Lücken; so kann der Prüfer das Gesprächsthema verlagern. Reichen Sie am Ende der Prüfung Ihre Unterlagen geordnet ein. Das macht einen guten Schlusseindruck.

ANHANG

STICHWORTVERZEICHNIS

TURBO-WISSEN